精益赋能

从逆境求生到卓越增长

原书第2版

(Second Edition)

（George Koenigsaecker）

[美] 乔治·科尼塞克 著

陈朝巍 译

Leading the Lean
Enterprise Transformation

机械工业出版社

CHINA MACHINE PRESS

丹纳赫是全球最成功的实业型并购整合公司，堪称"赋能式"并购之王，这源于其具有独特优势的丹纳赫商业系统，本书作者乔治·科尼塞克正是丹纳赫商业系统的奠基者之一。本书是一部经典的精益转型指南，作者结合丰富的商业案例、实用的建议、基于事实的证据、多元的视角和深刻的洞察力，以浅显易懂的方式讲述了企业精益转型的关键原则、实践方法和操作工具，更关键的是阐述了领导者如何带领团队坚定地付诸实践，并建立一种能够持续改善绩效的领导力和文化。唯有如此，丹纳赫商业系统才能真正和长久地发挥其价值。

本书对于渴望深入理解并实践精益转型的人士具有极高的参考价值，特别是对于企业CEO、企业高管、精益实践者、人力资源专业人士、投资者以及所有致力于业务系统建设的利益相关者是一部必读之作。

图书在版编目（CIP）数据

精益赋能：从逆境求生到卓越增长：原书第 2 版 /（美）乔治·科尼塞克（George Koenigsaecker）著；陈朝巍译. -- 北京：机械工业出版社，2024. 11.

ISBN 978-7-111-77221-7

Ⅰ. F272

中国国家版本馆 CIP 数据核字第 2025NV4481 号

机械工业出版社（北京市百万庄大街 22 号　邮政编码 100037）
策划编辑：侯振锋　　　　责任编辑：侯振锋　刘怡丹
责任校对：李　杉　薄萌钰　责任印制：张　博
北京机工印刷厂有限公司印刷
2025 年 6 月第 1 版第 1 次印刷
170mm×230mm・16.75 印张・1 插页・218 千字
标准书号：ISBN 978-7-111-77221-7
定价：79.00 元

电话服务　　　　　　　　网络服务
客服电话：010-88361066　机 工 官 网：www.cmpbook.com
　　　　　010-88379833　机 工 官 博：weibo.com/cmp1952
　　　　　010-68326294　金 书 网：www.golden-book.com
封底无防伪标均为盗版　机工教育服务网：www.cmpedu.com

本书第 1 版获得的赞誉

真正致力于引领精益转型的高级管理人员都应该从阅读这本书开始。乔治·科尼塞克精准地抓住了持续精益成功的本质，而不仅仅是令人振奋的改善活动。

——拉里·卡尔普（Larry Culp），丹纳赫公司前董事长兼 CEO，

通用电气公司 CEO

乔治·科尼塞克在推动组织向精益企业转型方面投入的时间超过了任何其他 CEO。在这本精练的著作中，他总结了自己 30 年的实践经验，描述了精益的概念，阐明了衡量精益的方法，解释了价值流分析和改善的作用，并提供了精益转型的战略和战术行动计划。

——吉姆·沃马克（Jim Womack），精益企业研究院创始人兼董事长

这确实对我们产生了真正的影响，持续推动美国空军走向卓越。书中融入了引人入胜的故事和传奇案例，使其成为适合所有人阅读的佳作。

——麦克·W. 韦恩（Michael W. Wynne），美国空军第 21 任部长

在精益之旅中，乔治·科尼塞克一直是我最重要的导师之一。他毫无保留地将自己的知识和经验分享给 ThedaCare 团队，这对我们来说是无价的。

——约翰·图森特（John Toussaint），ThedaCare 医疗健康价值中心 CEO

乔治·科尼塞克在战略和战术层面对精益的长期深入研究和应用，使他成为该领域的权威。他对实施组织精益转型的工具、流程和变革动态有着独

特而宝贵的理解。

——斯坦·阿斯克伦（Stan Askren），HNI 公司董事长、总裁兼 CEO

在精益转型领域，很少有美国高管能与乔治·科尼塞克的丰富经验相媲美。因此，他将自己的经验和学习过程凝练成书，这无疑是一个令人欣慰的消息。这本书以简洁明了的方式，提供了丰富、实用的信息，内容精准易懂，对于那些希望启动或推进精益计划的公司，以及希望深化个人学习的各级管理者来说，这将是一个不可多得的宝贵资源。

——约翰·肖克（John Shook），TWI 网络创始人

乔治·科尼塞克的故事激励人心。在这本书中，他以简洁的笔触总结了30 多年的经验，深入探讨了如何引领精益转型。对于任何真正对这一主题感兴趣的人来说，这本书都是必读之作。
——大卫·菲林汉姆（David Fillingham），皇家博尔顿医院 NHS 信托基金会
董事长兼 CEO

乔治·科尼塞克的这本书大获成功，其关键词在于"引领"！作为精益艺术和科学领域备受尊敬的实践者和大师，他强调精益不仅适用于体力劳动，也适用于脑力劳动，而领导力是两者成功的关键。他深入探讨了精益在公共和私营部门公司治理中的应用，为读者带来了更多价值。这绝对是一本必读之作！
——A. B. 莫里尔三世（A. B. Morrill III），美国空军少将，国防后勤局副局长

终于迎来了一本由真正领导过多次精益转型的实战派专家撰写的实用之作。我唯一的担忧是竞争对手会获得这本书。

——彼得·德斯洛格（Peter Desloge），瓦特隆公司董事长兼 CEO

译 者 序

作为丹纳赫（Danaher）公司的前人才负责人，我深感荣幸能成为 *Leading the Lean Enterprise Transformation* 中文版的译者，并为其撰写序言。本书是乔治·科尼塞克的杰作，他不仅在精益管理领域享有盛誉，更是丹纳赫商业系统（Danaher Business System，简称 DBS）的推动者和实践者。他将丰田生产方式的精髓引入丹纳赫，为丹纳赫商业系统的创立奠定了基石。这一系统超越了工具和方法的范畴，它是一种文化，引领丹纳赫不懈追求卓越和持续改善。在此，我谨向乔治·科尼塞克先生致以最诚挚的敬意和感谢，他的贡献和影响力已经远远超出了企业的界限，推动了精益思想在整个商业领域的广泛传播与实践。

本书是一部实用的精益转型指南，乔治·科尼塞克以浅显易懂的方式阐述了企业精益转型的关键原则和实践方法。与一般的精益工具类书籍不同，本书结合了丰富的商业案例、实用的建议、基于事实的证据、多元的视角和深刻的洞察力——这些源自作者 30 年作为精益领导者的实战经验。他展示了如何运用精益原则建立一种能够持续改善绩效的精益文化和真正的学习型组织。正如乔治·科尼塞克所强调的，精益管理不仅是一种工具和方法，更是一种哲学和文化，它通过精益思维方式来观察、理解和改进工作流程，实现更高效的价值创造。对于渴望拥抱精益之旅、在全球竞争中脱颖而出、引领组织走向卓越的领导者来说，本书是一部极具价值的企业精益战略读物。

面对核心业务或行业增长的停滞，许多企业急切寻找提升业绩的"灵丹妙药"，寄希望于投资下一个伟大的解决方案或"捷径"。然而，通过对众多企业的深入研究与观察，我们发现它们在建立可持续业务系统或通过精益转型实现卓越方面的努力往往成效有限。尽管这些尝试可能带来短期收益，但长期结果却不尽如人意。为什么那些在标杆学习中看似切实可行的解决方案或最佳实践在实施中未能达到预期呢？答案很简单：领导力和文化。

丹纳赫被誉为全球最成功的实业型并购整合公司，其精益管理能力位居西方企业之首，这种卓越管理能力正是丹纳赫商业系统的核心竞争优势。丹纳赫商业系统最初专注于在生产制造环境中建立精益体系，但自 20 世纪 90 年代起，其关注点已从流程本身逐渐转向了执行流程的员工。这一转变揭示了一个重要事实：任何可持续改善的核心都在于组织的领导力和文化。仅仅依靠工具和方法，而不解决变革管理中人的行为和文化问题，最终将难以实现预期的成果。虽然丹纳赫的业务系统在应用原则和实践上堪称典范，但对于其他企业和投资者而言，复制这一成功并非易事。关键在于领导者必须认识到，文化转型和领导层的坚定承诺是推动变革的核心因素。只有当新的企业文化和领导力行为深入人心，业务系统才能真正发挥其应有的价值。

从在丹纳赫多年的实践经验以及与众多持续改善领导者的交流中，我深刻体会到，领导力和文化在推动企业变革中起着至关重要的作用。它们是组织凝聚力的源泉，也是实现可持续业务系统成功的关键驱动力。因此，我们可以得出结论：卓越绩效的实现依赖于领导力和文化的共同作用，同时也需要一个稳健且可持续的业务系统作为支撑。简而言之：

（领导力＋文化）× 可持续的业务系统 ＝ 卓越绩效

乔治·科尼塞克在其著作中提出了一个深刻的观点："大多数高级领导者认为别人希望他们知道答案，但在精益管理中，成功的关键在于知道问题所在并愿意不懈地追求答案。"要实现真正的世界级绩效，领导者必须深刻体验并全身心地投入到持续改善的实践中，持之以恒地维护精益执行的纪律，这正是乔治·科尼塞克所强调的第三种关键领导力行为——严格执行的驱动力。

在丹纳赫任职期间，我被委以重任：部署一项创新的人才供应链和发展流程。该举措是结合了外部招聘和内部培养的一体化人才策略，旨在打造一支强大的总经理人才梯队，以支持公司业务的迅速扩张。

其中有一段难忘的经历是在高管发展项目中的问题解决研讨会。那时，我有幸与中国区总裁及管理委员会紧密合作。在那次改善活动中，高层领导团队表现出坚定不移的支持，他们不仅积极参与每一分钟的问题解决环节，完成了所有分配的工作，还通过自己的行动和期望，为推动公司整体流程改善提供了宝贵的指导和示范。

回顾这段经历，我深刻领悟到丹纳赫成功的秘诀。成功不仅仅依赖于我们所掌握的工具，更在于领导层坚定地将这些工具付诸实践以及他们以身作则、激励团队发挥最大潜能的承诺。正如丹纳赫首席执行官毕睿宁（Rainer Blair）所言："领导者在门外放下官架子，亲自动手，在生产车间里做出成绩。"

在当前充满挑战和竞争的全球商业环境中，企业面临着通过战略性改善措施实现增长和世界级绩效的艰巨挑战。尽管精益、六西格玛和卓越运营等持续改善方法已带来显著贡献，但许多企业的改善计划正经历影响力逐渐减弱的局面。我们必须认识到，这一变化并非方法论本身的问题，而可能反映了组织在全面实施和维持持续改善文化方面的不足。乔治·科尼塞克强调："精益是一场建立持续改善文化的转型，而非仅仅追求战术收益的计划。"他在本书中为读者提供了如何建立持续改善文化的实践指南，并通过丰富的案例来支撑他的观点，即精益文化的深远意义超越了单纯的精益工具。在丹纳赫，DBS 不仅是其商业管理系统，更是一种深入人心的企业文化，它已成为所有员工的通用工作语言和生活方式，两者彼此融合，不可分割。

当前，中国的商业环境正经历着前所未有的巨大变革和严峻挑战。中国企业正面临着全球化和技术进步带来的激烈竞争，以及经济转型、市场变化和成本压力的考验。同时，越来越多的中国企业开始追求管理效能和运营效率的提升，力争成为跨国企业，在全球市场中保持竞争优势。在这个背景下，精益理念与转型策略的重要性愈发凸显。其核心价值在于提升中国企业的管理水平，优化运营效率，建立持续改善的高绩效文化，打造学习型组织，实现卓越绩效和可持续发展。

这本书被誉为精益管理领域的经典之作，对于渴望深入理解并实践精益转型的读者具有极高的参考价值，特别是对于企业 CEO、企业高管、精益实践者、人力资源专业人士、投资者以及所有致力于业务系统建设的利益相关者来说，本书是一部必读之作。对于已经踏上精益之旅的企业，本书不仅可以作为精益转型的实践指南，还可以作为培训资料和沉浸计划的重要读物，帮助员工更深入地了解精益原则和精益实践，从而更好地融入精益文化并参与到精益转型中来。通过阅读本书，读者将深入理解精益思想的精髓，掌握实施精益转型的关键方法和技巧，并从中获得宝贵的经验和智慧，助力组织实现持续改善、走向卓越。

以变革者的身份登上精益转型的舞台，以胜利者的姿态满载而归，这其中会遇到很多挑战——本书将成为您通往行业冠军之路的得力教练。

在此，衷心感谢您的阅读和支持，并祝您阅读愉快！

精益领导力专家

陈朝巍

2024 年 10 月

第 2 版前言

在精益的征途上，过去十年的探索让我深入挖掘了精益文化的核心特质，并研究了那些在精益转型中取得卓越成就的高层领导者所展现的关键领导力行为。本书中的每一点分享，都源自真实的案例和经验。而我也始终在不断追求更深层次的洞察，力图揭示那些决定成功的核心要素。

在这一过程中，我有幸记录并反思了丰田及其他成功实施精益转型企业的高层领导，还有那些真正的精益大师们对领导力的深刻见解。我注意到，即便是相同的概念，也会因不同的阐述方式而产生截然不同的理解。在许多情况下，价值观和行为被混淆，一些至关重要的元素往往被忽视，它们并未在西方公司推崇的良好行为清单中得到应有的重视。

经过多年的观察与收集，我决定尝试总结出一套适用于所有人的结论。我注意到丰田的领导力行为清单通常仅限于四项或更少，这激发了我的好奇心。众所周知，"三"是一个易于理解和记忆的神奇数字。因此，我的目标是提炼出三种领导力行为，这些行为要么在传统的西方 15～20 项期望行为清单中未曾出现，要么需要我们投入 10 倍的精力和关注，才能确保精益转型的成功。

今年，我有幸与丰田公司的两组高管进行了深入交流，这对我的研究工作提供了极大的帮助。尽管他们手中的简要清单被视为专有资料，但我注意到其中有三四项内容在西方清单中并不常见，这一发现促使我明确了研究的重点。我还与瓦特隆公司团队进行了深入讨论，尝试为他们制定类似的清单。同时，我也与曾参与关键精益转型的前高管们交流，探讨他们对领导者行为的见解。Simpler 团队汇集了来自 Danaher、Freudenburg-NOK、HNI/HON、Wiremold、Hillenbrand 等公司的前高管，他们中的许多人都慷慨地提供了宝贵的意见。

作为Simpler高级领导力发展项目的一部分，我们逐渐将众多的意见汇集并提炼出了"三巨头"概念。这份清单最初并未给我留下深刻印象，它看起来似乎不需要如此多的努力来整理。但随着我们的深入探讨，三项核心行为逐渐清晰地显现出来。为了验证这些观点，我在一个小规模的CEO交流群中进行了测试。这个群体由平均拥有15年精益经验的首席执行官组成，他们每年都会聚在一起共同探讨精益的未来和各自的精益之旅。测试结果表明，我们的观点高度一致，只有些许措辞上的细微差异。一位成员在与多位知名精益大师讨论后，将他们的反馈也整合到了我们的意见中。最终，我将这份清单提交给了Simpler客户的首席执行官们，尽管他们的精益经验各不相同，但都在精益之路上不断前行。在某些方面，最后的测试是最有趣的。在确定最终的三项行为之前，我将他们分成三个小组，要求他们列出自己认为至关重要的三项领导力行为。这些行为不应出现在常规的西方标准清单上，除非它们达到了10倍的能量水平。结果，其中一个小组列出了完全相同的三项行为，而其他两组虽然有两项行为相匹配，但第三项均为"愿景"——在我看来，这是任何可靠的西方领导力行为清单中都必不可少的元素。三分之二的结果比我预期的要一致得多。

因此，这份精练的三项领导力行为清单如下：

1．持续改善的驱动力。

2．指导和学习的驱动力。

3．严格执行的驱动力。

这看起来很简单，但请别小看它们。将"DRIVE"（驱动力）大写，是为了强调这一行为所需的热情和承诺，可能远超常规水平的10倍之多。

第一项行为——持续改善的驱动力，无论是在流程还是结果上，都是我所了解的所有成功变革领导者的共同特征。雷克萨斯的口号"不懈追求完美"

恰如其分地概括了这一理念。在这里，10 倍驱动力的另一个含义就是"不懈"。我还观察到，这已经发展成为精益组织的文化特质。因此，如果这与您目前的行为方式有所不同，请不要气馁，因为这正是您希望鼓励和发展的行为目标。我发现，随着一个组织开始其精益之旅，这种行为不仅在高层领导中得到发展，还成为其不断演进的精益文化的共同特征。

在所有成功的精益文化中都可以观察到第二项行为——指导和学习的驱动力，并且这种行为始终得到高层的积极鼓励。我认为，虽然西方的行为清单中通常会提到指导，但往往是事后才想到，而不像丰田式的强调，认为如果您无法展现出指导他人和持续学习的能力，您实际上就无法成为组织中的真正管理者。

第三项行为——严格执行的驱动力，揭示了一个事实：精益的成功需要付出大量的辛勤努力，而且需要持续跟进，以确保精益实践既能持续下去，又能不断发展。丹纳赫公司使用的一个内部用语是"检查你所期望的"。我见过太多原本有潜力的精益尝试，因为高层领导未能充分了解自身情况，也不知道他们的组织是否正在建立新的实践和行为而最终失败。

尽管我依然觉得这份领导力行为清单看起来"平凡无奇"，但它无疑是"正确"的。如果您仔细思考一下，确保您的组织在各个层面上每天都践行这些行为，将需要付出极大的专注和努力（是不是 10 倍？）。

我曾考虑过用"热情"来替代"驱动力"，这也许行得通，但对我来说，驱动力似乎更为贴切。我们这些从事精益工作的人普遍认为，精益文化就像一个热力学系统，需要持续不断地注入正能量以维持其发展（因为外部文化往往会使其倒退），而领导者则需要付出更多的努力来推动这一进程——换句话说，就是"驱动力"。

祝您在精益之旅上一切顺利！

致　谢

　　我的精益学习之旅仍在继续，这一路上汇聚了众多先驱者的智慧和不懈努力。首先，我要向丰田人致敬，他们不仅精心提炼了世界各地的最佳实践，还融入了独特的见解，构建了一套规范的商业系统，成为企业经营的典范。丰田的开创者们，尤其是将众多实践融会贯通的大野耐一（Taiichi Ohno），总是强调丰田模式建立在亨利·福特（Henry Ford）、W.爱德华兹·戴明（W. Edwards Deming）以及二战训练方法制定者等人教诲的基础上。尽管事实如此，但丰田的独特见解，以及其创建一种文化来维持这种企业学习系统的能力，实在令人惊叹。

　　我还要感谢罗克韦尔汽车公司的弗兰克·佩特罗休斯（Frank Petroshus）等人，是他们支持全球精益学习的努力，使我得以步入这条精益之路。同样，史蒂夫·雷尔斯（Steve Rales）和米奇·雷尔斯（Mitch Rales）等人不仅收购了一家公司，还给予了我探索和实践的自由。我有幸从大野自主研究小组的岩田佳树（Yoshiki Iwata）、中尾千寻（Chihiro Nakao）和竹中彰（Akira Takenaka）等老师那里，学习到丰田商业系统（TBS）的基础工具和原则，这对我的精益之旅产生了深远的影响。

　　也许最重要的是我在丹纳赫和 HNI/HON 的同事们，他们与我并肩作战，共同为理解和引领这个崭新的精益世界而奋斗。同时，我要特别感谢 Simpler 咨询公司，它让我有机会证明，只要坚持精益原则，精益商业系统就能在任何工作环境中取得成功，无论是医疗健康、服务行业还是军事领域。

　　我还要衷心感谢生产力出版社（Productivity Press）的执行编辑迈克尔·西

诺奇（Michael Sinocchi），他在手稿编辑过程中提供了宝贵的帮助。

最后，我要将最深的感激献给我的家人：我的妻子夏洛特（Charlotte）和我们的孩子达纳卡（Danaka）、布鲁克（Brooke）和德里克（Derek）。在我追求精益学习的旅程中，他们忍受了长期分离。正是他们无私的支持与理解，才让我能够坚守至今，完成这一切。

本书概览

30 年来，我始终致力于精益思想的演变与发展。在此期间，我们在多个方面取得了显著进展。精益实践已经从最初的大批量汽车生产，逐步转向中小批量、非重复性生产，进一步渗透到行政和一般支持流程，甚至深入到产品开发和设计领域。如今，精益正在向公共部门发展，尤其是军事领域，同时也在迅速扩展至医疗健康行业。

本书凝聚了我 30 年精益思想研究与实践的精华，记录了我在担任总裁及集团总裁期间，引领 11 家公司进行精益转型的历程。这些公司的经验教训是无数次试错、领导实践和企业文化塑造的结晶。在本书中，您将看到 Simpler 咨询公司客户的丰富案例，这是一家我十多年前参与创立的公司。我们凭借对精益原则的坚定信念，跨越行业界限，探索精益的无限可能，并充分展示精益的强大效力。

多年来，作为企业高管和新乡奖评委，我有幸深入研究了超过 100 家精益转型组织。遗憾的是，我观察到的许多精益尝试都可以被视为失败；也就是说，它们未能复制标杆组织的成功。更关键的是，这些组织在将自身文化转变为精益学习文化方面显得力不从心，而这种文化能够跨越多代管理者，持续推动业绩改善。

尽管如此，本书并不专注于探讨精益工具或原则本身，因为这些内容在其他书籍中已有详尽的介绍。相反，本书的核心聚焦于精益转型中的领导力。迄今为止，关于领导者如何在组织内建立并维持精益转型的有效指南仍然匮乏，而这正是本书旨在增补的空白。

本书内容

本书旨在为读者提供实用的指南，帮助他们在各类组织的精益转型过程中发挥有效的领导作用。章节安排按时间脉络展开，逐步引导领导者开启精益之旅。

第 1 章回顾了我 30 年的精益发展历程，并将其中的经验教训贯穿全书。

第 2 章探讨了精益的多种定义，旨在帮助读者达成共识。

第 3 章描述了丰田公司简单而强大的真北（True North）指标，以及如何利用这些指标推动利润表和资产负债表中的各项内容朝着积极的方向发展。

第 4 章阐述了领导者如何利用价值流分析推动真北指标的实现。此外，本章还介绍了如何成功组织并实施价值流改善活动（Kaizen Events）。

第 5 章介绍了实现真北指标持续两位数改善所需的战术组织步骤，包括加快流程改善活动的速度以及维持这种活动速度所需的支持结构。

第 6 章探讨了支持精益转型的企业评估和审查结构的发展，同时介绍了战略部署、转型价值流分析、转型守护计划等领导力工具。

第 7 章聚焦精益文化的建设，这是精益转型中最鲜为人知的部分。

此外，第 2 版新增了一组附录，提供了更多关于精益领导力和精益实施的背景信息以及富有洞见的故事。

附录 A 提供了精益入门的基础教程，重点回顾了关键的精益原则和工具。对于有经验的读者，这里提供了如何从管理视角运用这些工具的宝贵经验和教训。在撰写本书时，我假设读者已具备一定的工具基础。因此，如果您对精益领域尚不熟悉，我建议您先阅读附录，以便与其他读者站在同一起跑线上。

在第 2 版中，我引入了其他精益领导者对一些"有趣"的精益主题的见解，旨在为读者提供更全面的精益视角。因此，我在附录中增添了一些"其他声音"。

附录 B 由瓦特隆公司董事长兼 CEO 彼得·德斯洛格撰写，讲述了该公司构建精益文化的经验。作为瓦特隆公司的董事，我有幸见证并参与了该公司长达 10 年的发展历程。瓦特隆公司是一个极具启发性的案例——作为一家业务遍及中国、新加坡、墨西哥、德国和美国的跨国企业，尽管规模不算庞大，但其业务的复杂性不容小觑，产品线从加热器到传感器再到控制装置，种类繁多。更重要的是，该公司由一位第三代家族领导人领导，他致力于打造一个能够持续繁荣至第四代、第五代乃至第六代的组织。彼得·德斯洛格将远见和承诺与"未来建立在今日业绩之上"的理念相结合，引领公司走上精益之路。经过近 5 年的严格实施，彼得·德斯洛格开始了定义瓦特隆公司未来文化的旅程。他与 Simpler 的创始人埃德·康斯坦丁（Ed Constantine）携手合作，借鉴了 Simpler 在塑造自身"丰田式"文化方面的经验，共同完成了这一重要任务。附录 B 生动地回顾了瓦特隆公司如何努力塑造其文化未来并缩小今天与未来之间的差距。在众多精益组织中，能够如此认真地对待自身文化建设的案例并不多见，我相信您会对附录 B 非常感兴趣。

附录 C 由瓦特隆公司总裁汤姆·拉曼提亚（Tom LaMantia）撰写，概述了瓦特隆的企业可视化管理系统，即"任务控制"。该系统是瓦特隆管理标准工作的核心组成部分。在这部分中，汤姆·拉曼提亚详细介绍了这一管理方法在精益组织中的发展历程以及在瓦特隆公司的具体应用。尽管这个系统是在瓦特隆精益之旅的第 7 年或第 8 年才逐步发展起来的，但及早开始实施无疑是一个明智的选择。经验丰富的精益实践者都知道，精益转型是一个需要时间消化和逐步推进的过程，因此总会有一些事项需要提前展开，而其他一些则需要在消化既有任务和洞察剩余机会后再行启动。

附录 D 详细介绍了 Simpler 公司提出的"转型连续体"（Transformation

Continuum）概念，这是一种全面的系统转型方法论和实践路线图，由公司首席执行官马克·S. 哈弗（Marc S.Hafer）撰写。作为一家正在进行转型的公司总裁，我深感困扰的是难以准确描绘出组织未来的具体蓝图，也难以清晰表达"一年后我们将是什么样子"。在某些情况下，即使是我自己也在探索之中，这种不确定性使得团队成员更难以保持信心和动力。那种简单的乐观主义——"只要我们坚持下去，一年后自然会变得更好"——往往缺乏说服力，难以激发团队成员的积极性。因此，作为 Simpler 公司的董事会成员，我坚定地支持开辟这条"道路"。为了构建这一蓝图，Simpler 公司汇集了全球资深的精益管理专家的智慧。这是一项开创性的精益工作，因为我尚未在其他地方看到过类似的实践。经过深入研讨，我们得出的基本共识是：在推进组织转型的过程中，需要经历三个核心的发展阶段。只要我们不断积极进取，每年都能在流程和结果上取得显著的改善，但要充分释放精益的潜力，可能需要长达 10 年左右的时间。这三个阶段涵盖了组织变革的多个维度，包括人员在各个层面的发展变化、组织结构和文化建设的演变、精益工具的典型更迭，以及随着转型深入而不断变化的结果类型。这一系列连贯且相互关联的变革努力共同构成了我们所说的"转型连续体"。

附录 E 深入探讨了红河陆军仓库（RRAD）在精益领导力方面的沉浸式发展历程。红河陆军仓库已经走过了约 10 年的精益之旅，取得了显著成就，并多次荣获新乡奖。然而，由于军队的特殊性质，领导层经常更替，每两年就会有新的指挥官上任。这些新指挥官通常缺乏精益背景，导致许多精益努力在 2010 年中期后停滞不前，甚至出现倒退。经过审查发现，领导团队缺乏深度参与是问题的核心所在。在红河陆军仓库，精益仍然更像是一个项目，而非一种根深蒂固的生活方式。这种倒退和重新评估在任何精益组织中都是常见的挑战。幸运的是，米切尔上校接任指挥官后，红河陆军仓库决定重启精益之旅。他们选择以"示范价值流"为重点突破口，力求在短时间内实现显著改进，向全仓库展示精益的未来可能性。更为关键的是，红河陆军仓库将示范线的改善活动与高管精益沉浸计划相结合，确保领导团队对精益变革的长期发展保持坚定的承诺。考虑到组织规模，他们决定每月每周都要开展改善活动。为此，他们制定了一个轮值矩阵，为前 35 名领导者安排每月一周的全职精益活动体验。具体来说，这 35 名高管被分为四个大致相等的组，每组轮流在每个月的不同周次参与精益活动。这样的安排确保了每位高级领导者在接下来的 9 个月内都能获得 9 次为期一周的活动经验。经验表明，这几乎是一个人真正接受精益流程所需的最低经验水平。虽然他们不会成为精益专家，但经过 9~12 个改善周的个人活动后，他们对精益工具和日常工作中的问题有了更深入的了解，并对精益流程充满信心。本部分将向您介绍红河陆军仓库在精益工作中的概况，并引用一些领导者对其沉浸式体验的真实感受。

附录 F 详细介绍了 Simpler 公司开发的新产品设计系统。尽管本书正文未深入讨论新产品的精益开发过程，以保持内容的聚焦，但这一过程却是整个精益转型中至关重要的一环。在制造企业中，产品设计往往决定了产品成本的 70%，而我们所做的其他精益工作实际上都是在改善剩余的 30%。因此，要实现真正的精益，必须从产品设计这一源头着手。尽管精益产品设计在业界尚未普及，许多人仍将其视为丰田公司的"独门秘籍"，而大部分话题仅限于新产品精益开发的少数工具和概念，但实际上，新产品精益开发在二八定律的层面上是一套全新的工具、原则和实践，需要我们深入研究和学习。在这部分中，英国 Elekta 公司（设计和生产高科技医疗设备）的罗伯·韦斯特里克（Rob Westrick）和 Simpler 欧洲小组的克里斯·库珀（Chris Cooper）共同概述了一个"丰田式"的产品开发系统。他们强调，这个开发流程的核心"产品"是知识，他们所概述的工具和流程旨在确定需要获得什么知识才能实现成功设计，并制定和跟踪实验的路径来发展这种知识。就我个人经验而言，这是一种非常独特的产品开发思维方式。

附录 G 由凯西·怀特海德（Kathy Whitehead）和斯科特·萨克斯顿（Scott Saxton）共同撰写，讲述了奥托立夫奥格登装配厂基于团队的积极变革方法背后的故事。在精益转型的道路上，奥托立夫取得了令人瞩目的成就。在总裁迈克·沃德（Mike Ward）的领导下，公司不仅建立了一套严谨的问题解决周期，而且在所有四项关键的真北指标上都实现了两位数的年度改善（即每年10%或更多）。这个系统的强大之处在于，它激励着每一位员工参与到根本问题的解决和持续改善中。一个核心指标是，每位员工每年平均能解决约 70 个问题，这一数字远远超过了丰田设定的每人每年解决 24 个问题的目标，这正是"终极状态"文化的典范。回顾奥托立夫走过的 15 年精益之旅，他们仅用了 5 年时间就将日常改善系统发展到现有的成熟水平。

我坚信，这些来自不同精益实践者的声音将为您提供宝贵的启示和帮助。

目　录

本书第 1 版获得的赞誉

译者序

第 2 版前言

致谢

本书概览

第 1 章　我的精益学习之旅：11 家企业的转型实践 ……………………… 001

　　迪尔公司 …………………………………………………………………… 002

　　罗克韦尔国际公司 ………………………………………………………… 003

　　杰克制动（丹纳赫） ……………………………………………………… 005

　　HON 公司 …………………………………………………………………… 007

　　本章总结 …………………………………………………………………… 009

第 2 章　精益是什么 ……………………………………………………………… 010

　　丰田的所作所为 …………………………………………………………… 010

　　双支柱 ……………………………………………………………………… 011

　　识别与消除浪费 …………………………………………………………… 011

　　问题识别与解决系统 ……………………………………………………… 014

　　六西格玛还是精益，或两者兼有？ ……………………………………… 016

　　本章总结 …………………………………………………………………… 017

　　参考文献 …………………………………………………………………… 017

第 3 章　化繁为简的衡量之道 ………………………………………………… 018

　　了解财务指标：个人示例 ………………………………………………… 018

丰田的真北指标 ………………………………………………… 019

高究竟有多高？ ………………………………………………… 021

四项真北指标详解 ……………………………………………… 027

真北指标与财务指标的关联 …………………………………… 037

本章总结 ………………………………………………………… 040

参考文献 ………………………………………………………… 040

第 4 章　价值流分析指引改善计划，改善活动促其实现 ……… 041

遍历价值流以创建初始状态价值流分析 ……………………… 042

头脑风暴，创建理想状态价值流 ……………………………… 045

创建未来状态价值流 …………………………………………… 046

5 次规则 ………………………………………………………… 050

示范价值流 ……………………………………………………… 055

改善周的力量 …………………………………………………… 058

本章总结 ………………………………………………………… 063

参考文献 ………………………………………………………… 063

第 5 章　战术性组织实践 …………………………………………… 064

n/10 规则 ……………………………………………………… 064

设计改善团队 …………………………………………………… 067

关键活动失败的模式 …………………………………………… 069

3%准则 …………………………………………………………… 070

行政团队 ………………………………………………………… 076

重新部署 ………………………………………………………… 079

其他精益培训 …………………………………………………… 081

本章总结 ………………………………………………………… 082

第 6 章 战略性组织实践 ···················· 083

理解治理的含义 ···················· 083

沉浸计划 ···················· 084

指导联盟 ···················· 085

沟通 ···················· 088

"抗体" ···················· 093

推动精益，年复一年 ···················· 094

本章总结 ···················· 096

第 7 章 打造精益文化 ···················· 098

定义文化 ···················· 099

精益之道与丰田文化的基石 ···················· 101

行动计划 ···················· 107

本章总结 ···················· 112

最后的思考 ···················· 113

参考文献 ···················· 115

附录 A 精益入门教程 ···················· 116

面向高层领导的顶级工具 ···················· 116

主要侧重提升质量的工具 ···················· 121

专注于流动和交货期的工具 ···················· 127

标准工作：专注于成本和生产率的工具 ···················· 132

支持人才培养的工具 ···················· 136

专注于新产品开发的工具 ···················· 139

本章总结 ···················· 144

附录 B 打造可持续的精益文化——瓦特隆之道 ················ 145

背景 ·· 146

瓦特隆之道 ·· 150

瓦特隆之道的实施：塑造行为模式 ·························· 155

人才培养和领导力发展 ···································· 161

成果 ·· 163

可持续发展的挑战 ·· 164

附录 C 瓦特隆企业可视化管理系统——任务控制 ·············· 166

瓦特隆任务控制流程 ······································ 168

每周任务控制 ·· 169

月度企业任务控制 ·· 173

企业任务控制历史 ·· 179

附录 D Simpler 转型连续体的起源 ························· 181

转型连续体：大局观 ······································ 182

第一阶段：致力于新的改善系统 ···························· 187

第二阶段：加速提高能力和绩效 ···························· 189

第三阶段：利用文化转型 ·································· 191

变革的维度：人才培养 ···································· 192

变革的维度：结构与文化的对齐 ···························· 193

变革的维度：工具 ·· 194

变革的维度：结果 ·· 195

附录 E 红河陆军仓库——通过领导力沉浸加速精益化进程 ········ 196

背景 ·· 196

强大的动力：基地调整与关闭 ······························ 197

新领导，新焦点 ·· 198

加速精益转型，为生存而战 ······························ 202

加速聚焦"示范"价值流 ·································· 206

文化变革 ··· 212

保持势头 ··· 213

附录 F　采用精益原则的新产品设计系统 ·········· 214

尊崇权衡曲线 ··· 215

保持极简 ··· 216

承诺点的重要性 ·· 218

探索子阶段 ·· 219

执行子阶段 ·· 222

使用精益原则进行新产品设计的工具 ················ 225

附录 G　奥托立夫——赋权解决问题 ·················· 227

改善的演变 ·· 228

唤醒沉睡的巨人 ·· 229

转变问题范式 ··· 232

管理变革 ··· 233

从根本上解决问题 ··· 234

简单的数学 ·· 239

后记 ·· 241

第 1 章

我的精益学习之旅：11 家企业的
转型实践

在本书中，我分享了过去 30 年学习精益，尤其是丰田商业系统（Toyota Business System，简称 TBS）的经验。我偏好使用丰田商业系统这一术语，因为它适用于整个企业。尽管丰田出于历史原因使用了丰田生产方式（Toyota Production System，简称 TPS），但几乎所有提到这一术语的人都在谈论一种涵盖整个企业的经营方法。

多年来，我见证了许多公司试图将丰田的智慧应用于自己的企业，但大多数都以失败而告终。正因如此，我备感自豪的是，作为总裁或集团总裁（包括在丹纳赫公司和 HNI 公司内部），我领导的 11 家公司都坚定不移地走在精益之路上，并且至今仍在持续践行精益学习。本章并未讨论所有 11 家公司，而是为您提供了几个典型案例。

尽管我不认为这些公司中的任何一家已经完全达到丰田的卓越境界，但值得称赞的是，丹纳赫的首家公司已经坚持这一方向长达 20 年之久，HNI 的首家公司也已坚守了 15 年之久。尽管完全掌握丰田经营之道的精髓仍然是业界的难题，但至少丹纳赫和 HNI 所取得的成就和奠定的文化基础已足够坚实和持久。

迪尔公司

我的职业生涯起步于迪尔公司（Deere & Company），这是一家总部位于伊利诺伊州莫林的农业机械制造公司。20 世纪 70 年代中期，凭借在迪尔多年的跨职能经验积累，我有幸参与了一个与日本洋马柴油机公司建立战略联盟的项目。为了更好地完成这个任务，我参观了洋马的生产设施，并与众多日本经销商进行了深入交流。在与洋马高层的会晤中，我被一系列幻灯片深深震撼，它们展示了洋马在过去三年中所取得的改善成果。作为一名制造业的热忱学习者，我习惯以迪尔 4% 的销售额进行投资和每年约 3% 的生产率增长作为行业标杆，因为迪尔是该行业的领导者。然而，洋马的成就远超我的预期：在过去三年中，他们不仅将产品种类翻了一番，生产率也实现了翻番，而且这些成就都转化为实际的利润增长。起初，我以为自己误解了翻译的意思，但当我意识到这就是事实时，我感到非常震惊。这意味着他们的生产率增长速度是我们的数倍，而我在参观洋马工厂时并没有见到明显的资本投资迹象。此外，洋马在库存周转率、客户投诉率等关键指标上也取得了同样数量级的惊人成就。

原来，我所见证的是丰田商业系统的早期应用。更多深入的交流揭示出洋马公司得益于三位丰田老师的周末指导，他们帮助洋马彻底改变了经营方式，而这些收益正是长期周末咨询的成果。

大野耐一，这位将关键概念整合在一起，创立了丰田生产方式的先驱，还创立了几种激进的变革管理实践，尽管这些方法后来逐渐被遗忘。他通过丰田内部的智囊团——自主研究小组来设计这套系统。而洋马的三位老师，正是大野耐一最初的自主研究小组中的三位成员。

我对所有关键绩效指标的显著差异感到震惊，老实说，我对所看到的一切感到由衷的敬畏。我深知，若要维持迪尔的市场领导地位，我们必须掌握并实践这些方法。回到莫林后，我邀请了研究日本先进制造实践的西方权威吉姆·阿贝格兰（Jim Abegglan）访问莫林，向我们的高层领导介绍准时生产（Just in Time，简称 JIT）的概念。但在汇报之后，我记得自己很失望：尽管当时迪尔公司表现出应有的待客之道，但最终的大意却是："哎呀，乔治，这很有趣……谢谢你邀请他来这里，但我认为我们不想在莫林尝试日本的东西。"与这种冷淡的态度形成鲜明对比的是，我彻底迷上了学习这种不同的企业经营方式，并继续阅读任何能找到的相关资料。不幸的是，当时的资料极为有限，而且充斥着大量错误内容，这些都是外行人试图描述他们并不真正理解的概念。

罗克韦尔国际公司

随后，我加入了罗克韦尔国际公司（Rockwell International）的汽车业务部门。这家总部位于底特律的公司是重型卡车（8 级）零部件制造的主要参与者，包括轴、制动系统和传动系统。我选择这个职位，不仅因为那里的晋升机会，更因为我坚信在底特律这座汽车城，一定能找到类似日本丰田的制造方式，而我也能借此学到更多我们如今称之为精益的知识。

事实证明，当时的底特律对日本汽车行业的实践并不比莫林更感兴趣。尽管如此，我仍然得到了汽车集团管理层的支持，开始领导一个小团队，致力于在全球范围内对制造企业的最佳实践进行对标研究。罗克韦尔的战略是争取成为行业领先者，因此将自身业务部门作为对标对象。鉴于我们身处全球最大的市场，我们将自己视为全球竞争中的佼佼者，并立志成为行业标杆。

这个团队的核心成员是我和鲍勃·彭特兰（Bob Pentland），他是公司内公认的顶尖生产工程师。我们每个季度都会投入大约三周的时间，出差到世界各地参观企业并对其绩效进行对标分析。

在那个时期，罗克韦尔正参与航天飞机、B-1 轰炸机等重大项目，因此我们在世界各地设有采购和销售办事处，这使我们能够方便地进入任何我们希望访问的公司。经过广泛的全球考察，我们很快发现，尽管欧洲公司通常会开发出独特的工艺技术，并围绕这些技术构建成功的业务，但它们的运营方式与我们的并无本质区别。然而，在第一次访问日本时，我们就发现了一些截然不同的企业运作方式。三年来，我们访问了日本的 144 家制造企业，从松下这样的行业巨头到欧姆龙等优秀中型制造商，再到小型的汽车行业供应商。我们还参观了所有主要的日本汽车原始设备制造商，并逐渐深入到它们的供应商基地。

我们注意到，在这些企业中，大约 15% 的企业展现出了惊人的绩效水平。这些企业在生产同类产品时的生产率是其他企业的 4 倍，缺陷率和客户投诉率降低了 90%，库存投资也减少了 90%。这些数据令人难以置信，起初我们甚至怀疑自己的判断，但随着越来越多的企业采用这种运作方式，我们确信这是真实的绩效水平。我们还发现，这些取得卓越绩效的企业大多隶属于丰田集团及其旗下企业。因此，我们逐渐成为丰田生产方式的忠实信徒。然而，当我们带着这些发现回到底特律时，却遭到了怀疑和排斥。

我和鲍勃学到了一些提高绩效的基本工具，比如改善流程以实现更好的流动和减少设置时间，这些都帮助我们降低了库存水平。但我们也意识到，我们所了解的只是冰山一角。虽然获取更多信息的途径有限，但我们在日本考察期间发现了一本由新乡重夫（Shigeo Shingo）所著书籍的英文译本。在这本书中，新乡重夫用他独特的术语阐述了他所理解的丰田方法。由于新乡重夫本人解释事物的方式晦涩难懂，加之又是当地翻译，要弄明白他在说什么真是一件苦差事。每次从一家日本企业前往下一家时，我们都会在火车旅途中逐段研读并尝试解读他的意思。由于这本书是我们唯一能找到的相关资料，所以我们花了大量时间去研究它。同时，我们也尝试将这些宝贵的经验教训应用到美国，并在自己的业务中进行实验。

杰克制动（丹纳赫）

几年后，我迎来了一个全新的挑战——管理位于康涅狄格州的皆可博车辆控制系统公司（Jacobs Vehicle Manufacturing Company），即著名的杰克制动（Jake Brake）。杰克制动以其卓越的重型柴油发动机制动器而闻名，正是你在卡车下坡时听到的那种"抱怨声"，通过发动机和排气系统协助制动器减慢这些重型车辆的速度。杰克制动的客户包括康明斯发动机、卡特彼勒柴油机和底特律柴油机等业界巨头。尽管产品备受赞誉，但由于专利保护，公司逐渐变得自满且对客户反应迟钝，常常延迟一个月发货，并且按月度批量交付产品。此外，产品定价过高也是一大问题。

加入公司不久，我意识到我们的专利保护刚刚过期。更有趣的是，恰在此时，丹纳赫通过敌意收购了杰克制动的母公司芝加哥气动公司（Chicago Pneumatic Corporation）。芝加哥气动公司是一家规模较大的多资产控股公司，旗下拥有 15 家子公司，其中有 14 家处于亏损状态。因此，新东家史蒂夫·雷尔斯和米奇·雷尔斯对杰克制动这一潜力巨大的业务格外关注。

面对交付能力与客户期望之间的巨大差距，我决定放手一搏，引入丰田的精益实践来彻底改造杰克制动。尽管我们对精益的理解尚浅，但危机的紧迫性迫使我们迅速行动。大多数同事认为这种方法注定会失败，甚至可能毁掉公司，但我们还是义无反顾地开始了"绝望"的变革之路。1987 年的圣诞假期，我们对工厂进行了彻底的重组，将所有设备转移至新的小单元流程中。当次年 1 月生产线重新启动时，变革的成效开始显现。考虑到在罗克韦尔和日本丰田运营中看到的收益，我们设定了一个雄心勃勃的目标：4 倍的企业生产率提升，这意味着每月 2% 的增长，持续 6 年。随着新流程的逐步实施，我们开始形成类似产品线价值流的体系（向客户提供产品或服务的相关流程步骤）。与此同时，我们面临着成千上万的问题需要解决，包括减少设置时间、提高质量、更换工具、优化物料流以及几乎所有其他相关问题。因此，我们开始为每条产品线投入问题解决资源，我们称之为"重点工厂"。到了年中，我们迎来了两个关键事件：

- 曾在日本与洋马合作的丰田老师退休了，经过我的再三邀请，他们同意接收我们作为第一批外国学生。

- 史蒂夫·雷尔斯和米奇·雷尔斯来访，审查了我们在做什么、为什么这样做以及初步成果。

尽管史蒂夫·雷尔斯和米奇·雷尔斯出身于房地产行业，但他们对建立一家新型制造业公司充满坚定信念，致力于持续改善并提升客户满意度。他们坚信稳健的工业品牌，如杰克制动将为公司的发展提供稳定的平台。回头看来，这反而是一件好事情。如果他们拥有深厚的工业背景，很可能会先入为主地"认定"精益这一套行不通，从而导致我们的变革半途而废。相反，他们认为这些原则非常合理。在与我们的汽车工人联合会（UAW）成员交流时，他们对迄今为止所发生的变革印象深刻，并鼓励我们再接再厉。

在接下来的两年多时间里，我们继续跟随老师学习，他通常会亲临我们的工作现场，在一周的"自主研"改善活动（详见第 3 章）中手把手地指导我们。这些活动不仅带来了显著的改善，还教会了我们丰田商业系统的原则和工具。我们逐渐培养起了一种持续解决问题和持续学习的文化。在这两年里，我们对这些重点工厂（或者说价值流）进行了五次重新设计，每次都将它们提升到一个新的性能水平。总体而言，我们成功地将交货期从原来的 30多天大幅缩短至一天，并且实现了 100% 的按时交付。同时，我们将质量问题减少了 80% 以上，总库存也减少了 80% 多一点。最重要的是，我们的企业生产率增长了 86%，恰好达到了我们每月增长 2% 的目标。

与此同时，我们继续赴日本学习。我们不仅学到了精益实践在生产领域的应用，还开始将其扩展到行政管理和产品开发流程中。比如，在产品开发方面，我们成功地将新产品的总产量提高了 4 倍，同时没有增加额外资源，并且将新产品的市场推出时间缩短了 80%。

在致力于组织学习并将其传授给团队的过程中，我们开始将这一系统称为"皆可博商业系统"（Jacobs Business System，简称 JBS），因为它不仅仅专注于生产系统。随着影响力的不断扩展，我们的集团执行官阿特·伯恩（Art Byrne）开始将 JBS 推广到该集团的其他公司。这一举措最终促成了后来广为人知的"丹纳赫商业系统"的诞生。

1990 年，我被晋升为丹纳赫集团内规模最大的工具集团的总裁，并开始将丹纳赫商业系统推广到这些业务中。同时，我还建立了一个丹纳赫商业系统办公室，旨在记录和传播新的学习成果。我的角色变得越来越有趣，因为现在有 5 位运营公司总裁向我汇报，他们认为自己才是各自公司的实际领导者，尽管这也的确是事实。然而，我希望他们每个人都能亲身经历精益转型的艰难过程。在这种组织结构中推广精益管理所面临的变革管理挑战，要比让单一公司（比如杰克制动）实施精益生产困难得多。除了让 5 家拥有众多分支机构的公司开始采用同一种全新的工作方式，我们还逐渐获得了牵引力。在接下来的几年里，我们成功地将工具集团的利润率提高了 4 个百分点，实现了从亏损到盈利的转变。

HON 公司

在那个转折点上，我父母和岳父母的健康状况开始出现问题。由于他们年事已高，且生活在艾奥瓦州，我认为搬回那里能更好地照顾他们。1992 年，我加入了 HON 公司（现为 HNI Corporation），担任其最大业务部门的负责人，开启了公司精益转型的新篇章。在 HON 公司，我的角色转变为专注于处理转型过程中所有重大变革问题，而外聘的精益专家则定期指导我的团队如何应用精益工具。从 1992 年到 1999 年，当我从公司退休时，HON 公司的行业排名从第 5 位跃升至第 2 位，销售额增长了近 3 倍（"有机增长"），并以强劲的势头向行业领导地位迈进。根据我在罗克韦尔和丹纳赫的经验，我们为 HON 的每个工作场所与部门设定了宏伟的目标：

- 每年将事故率降低 20%。
- 每年将错误率和客户投诉率降低 20%。
- 每年将交货期缩短 50%，直至实现每日生产周期。
- 每年将企业生产率提高 15%。

对于刚开始精益之旅的公司来说，我可能不会建议采取如此快速的改进步伐，因为这对它们来说可能过于挑战。但总体而言，从 1992 年到 1999 年，我们每年都实现了这些改善目标，尤其是在缩短客户交货时间方面的努力，极大地提升了我们在市场上的竞争力。这种不懈的努力最终得到了广泛认可，我们在 1999 年和 2000 年被《工业周刊》杂志评为"全球 100 家最佳管理公司"之一。

回顾这段历程，最令我振奋的是看到所有这些公司始终坚守精益道路，不断前行。即使在实施精益的第 20 年，丹纳赫依然在持续取得显著进展，其财务表现甚至超越了沃伦·巴菲特（Warren Buffett）的伯克希尔·哈撒韦公司，成为财务绩效的标杆。而 HON/HNI 也在不断推进精益实践，如今已迈入第 15 个年头。

目前，我是一名私募股权投资人，同时担任几家我投资的私营公司的董事会成员，包括 Ariens 公司、贝雅资本、Gefinor 风险投资、Simpler 咨询公司和瓦特隆电气制造公司。可以毫不夸张地说，这些公司都在积极地推动精益实践的发展。在董事会的角色让我从不同的视角审视精益转型的问题，因为作为顾问，我没有执行权力，这在某种程度上进一步锤炼了我的影响力和说服力。

此外，我还担任三个致力于传播精益知识的非营利组织的董事会成员，分别是卓越制造协会（AME）、新乡卓越运营奖（Shingo Prize for Operational Excellence）和 ThedaCare 医疗改善中心。这些组织的使命是促进精益理念的传播和应用，我深感荣幸能够为推动这一使命贡献自己的力量。

本章总结

精益的基础工具和原则最初应用于生产领域，但将其推广至整个企业是一项实验性的尝试，并随着时间逐渐发展演变。本书讨论的领导实践都是通过各种实际实验得出的结论。在大多数情况下，我推荐的每一项企业级实践，都经过了多次试验，而其中不少并未达到预期效果。因此，本章的核心目的是向您展示这一漫长的学习曲线，为本书后续章节中提出的企业级建议和观察奠定基础。

第 2 章

精益是什么

精益是什么？这个问题有很多种回答方式，其中许多答案都是正确的，这也许有助于解释围绕整个精益主题的一些困惑。在本章中，我将以几种不同的方式描述精益，让您自行决定哪种方式最合适。

丰田的所作所为

第一个定义是我最近得出的。在对众多组织的运营和管理实践进行深入对标后，我清楚地认识到，在组织实践的任何维度上，丰田至少与世界上最优秀的公司不相上下。更重要的是，在我调查的每一个实践领域或对标领域，丰田都展现出了卓越的一致性。这种一贯的一流表现正是丰田的独特之处。因此，我最终将精益定义为"丰田所做的一切"。

我曾花费大量时间寻找在某一业务领域超越丰田的组织。然而，经历了多次失败后，我得出了一个结论：在确定方向之前，我应该首先了解丰田的做法。这个观点是几年前在我心中形成的，那时商业媒体对丰田的报道寥寥无几。丰田本身倡导保持谦逊，这也是导致其成功的一个关键因素。我将在第 7 章中详细探讨这一点，因为谦逊是避免日本人所谓的"大公司病"的关键之一，而这种随着组织成功而产生的傲慢，往往是导致最终失败的根源。如今，金融市场开始重视丰田，其股票市值曾经超过世界前七大汽车公司的总和。然而，丰田所获得的势能让我确信，其股票价值并未充分反映其真正的价值。

双支柱

如果您询问丰田内部的专家如何描述丰田生产方式——也就是精益系统的同义词——通常您会得到几种简单明了的解释，每种解释都完全正确，而且提供了独特的视角。丰田的实践缺乏明确的书面描述，这也是丰田的实践至今难以被真正模仿的原因之一。

其中一种描述将精益定义为两大支柱的结合：

- 持续改善的理念和实践。
- 尊重人性的力量。

大野耐一经常引用亨利·福特的话，后者曾指出："我们的态度是，我们被授权发现做每件事的最佳方式，我们应该将业务中采用的每一个流程视为纯粹的实验。"[1]

这个理念看似简单，但要真正建立一种文化，在每一天、每一个流程中贯彻这一理念，却是一项巨大的挑战。而这种文化纯粹是关于人的问题。当丰田人谈论尊重人性时，这个短语涵盖了许多方面，包括设计激励人们想要改进的系统、教导他们改进的工具，以及激发他们每天使用这些工具的动力。在某种意义上，丰田所做的一切就是这样简单的事情：通过人们持续改善来推动组织前进。

识别与消除浪费

另一种对精益（以及丰田生产方式）的定义是将其描述为"仅仅"是一种识别和消除浪费的实践和流程。当然，这也是一种完全正确的定义。

浪费是一个有趣的词，丰田人希望我们以一种特定的方式来思考它。在建立该系统时，大野耐一定义了 7 种关键的浪费，以帮助他的团队学会"看见浪费"。这 7 种关键浪费是：

- 过量生产（制造超出客户需求的数量或在需要之前生产）。

- 缺陷（产品或服务不符合规格）。

- 搬运或运输（这并不会使流程中的产品或数据更接近客户所重视的价值）。

- 库存（过量生产的存储）。

- 过度加工（我们通常会看到的典型低效率）。

- 等待。

- 不必要的运动。

我认为这 7 种浪费的关键不在于它们构成了一份神奇的浪费清单，而在于它们为您提供了改变工作观念的起点，以及发现现有流程中浪费的切入点。

审查工作的最终目标是区分每个步骤是增值还是非增值（即浪费）。增值步骤转化材料或数据，为客户提供更有价值的产品或服务。相反，非增值步骤往往会重新安排工作、导致返工等。

在审视工作流程中的每个步骤时，您可以问自己两个问题："如果客户看到我执行此步骤，他是否愿意为此付费？"以及"如果我重复这个步骤两次，客户是否愿意付双倍费用？"首次记录流程时，您常常会惊讶地发现，超过95%的时间和步骤实际上并未增加价值。但事实证明，您无法删除流程中的所有非增值步骤。让我们来看一下图 2-1 的例子，这是取自位于威斯康星州阿普尔顿的地区医院集团 ThedaCare 的运营情况。在这张初始状态流程图中，有很多非增值步骤（显示在深色阴影框中）被识别为消除浪费活动的机会。在对某一流程进行初审时，通常无法清楚地看到每一个非增值步骤。事实上，在大多数情况下，真正的问题在于看不到浪费。这正是经验丰富的导师对组织的独特价值所在。

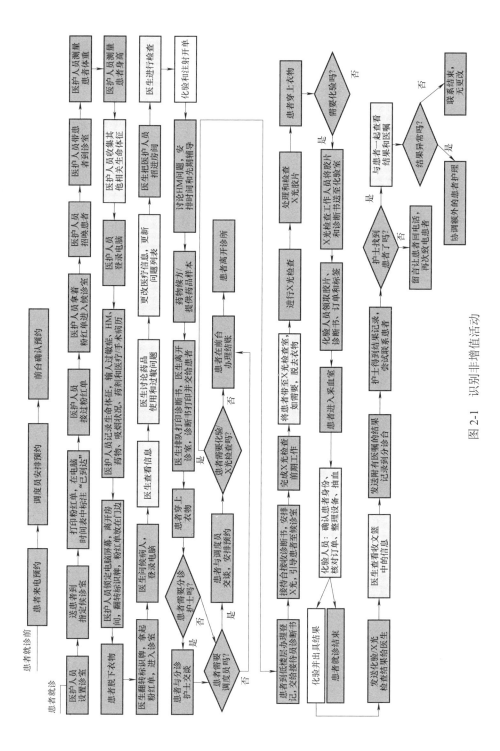

图 2-1　识别非增值活动

通过深入思考浪费的 7 种类型，您将能够深刻领悟卓越组织的内在特质。然而，要真正理解这一点，仅凭理论探讨是远远不够的。您必须亲临现场，与实际的流程和工作步骤进行直接的互动。唯有通过亲身体验和深入研究，您才能对浪费现象有更加全面而准确的认识。

在许多组织中，高级领导者被教导要委派任务，避免陷入细节。然而，丰田的观点恰恰相反。他们认为，高级领导者应该深入了解工作的细节，并对其了如指掌。这种了解不是通过报告或者会议获得的，而是通过亲自走到工作现场获得的。对于那些真正希望引领精益转型的高级领导者来说，关键的第一步是成为改善团队的一员，亲自记录流程，并将增值步骤与非增值步骤分开。确实没有什么可以替代通过详细的流程评估所获得的洞察，您会发现 95%的步骤都是非增值的，并意识到通过一周的改善活动可以去除其中一半的步骤（见第 3 章）。最终，您将意识到组织中的每个流程在基本工作层面上可能都与此类似，因此改善的潜力是巨大的。

大野耐一着重指出了领导者"看到浪费"的重要性。他期望领导者能够深刻认识到，在日常的辛勤工作中，有很大一部分努力并未直接为客户创造价值。基于这一认识，他希望能激发领导者采取积极的行动来改变这种现状。

重要提示：学会"看到浪费"对于任何领导者来说都是精益之旅中最重要的一步。这不是一项能在办公室完成的任务，而是需要您亲临现场。

问题识别与解决系统

另一种对精益的描述是将其视为一个系统，一个旨在识别问题并在根本原因层面上解决问题的系统。当然，这一定义与之前提到的描述一样正确。在日常工作中，我们面临的 99%的问题通常只在症状层面上得到"解决"，导致它们会反复出现。真正的解决之道是一劳永逸地找到并解决问题的根本原因。在这种情况下,竞争成功的关键在于设计您的组织,以加快发现和解决根本原因的进程。图 2-2 所示的问题解决螺旋理念充分体现了这一思想。

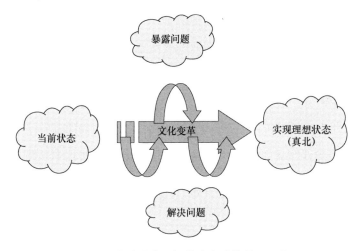

图 2-2　持续改善:螺旋式上升的管理理念

当然,这种对精益的描述同样正确。然而,在日复一日的"救火"中建立起一种根因问题解决文化,是一项极其艰巨的任务。请允许我再次强调:建立这种文化确实非常困难!

美国的管理方式倾向于掩盖问题,因此在解决问题之前,我们首先需要看到问题并承认问题的存在。丰田的老师们提倡将问题视为"金矿",因为它们标志着下一个改进的起点。然而,当问题日复一日地频繁出现时,我们是否还能保持这种积极的态度?

因此,要让一个组织摆脱"救火"模式,真正从根本原因层面解决问题,而不是仅仅应对日常工作中不断出现的"火情",无疑是一项艰巨的任务,因为这需要改变成年人的行为习惯。这或许是一个提醒自己的好时机:那些看似难以完成的任务,往往蕴含着巨大的价值。正因如此,这些任务对其他组织同样充满挑战,而文化建设和组织学习便可以成为竞争者难以逾越的壁垒。

六西格玛还是精益，或两者兼有？

为了增加趣味性，让我们再给精益下一个定义。这是我在努力解释六西格玛与精益倡导者之间的分歧时所面临的问题。根据对丰田的研究，我深知这两者都是整体解决方案的一部分。然而，向这两个学派阐释这一理念比我预想的要困难得多。

四个真北指标领域（见第 3 章）要求组织不仅要运用我们通常归类为"精益"的工具和实践，还要采纳"质量"改进学派的方法。丰田将自己独特的贡献称为丰田生产方式（TPS）。因此，当丰田人谈论丰田所做的事情时，他们自然会将这些实践称为丰田生产方式，因为这是一套在丰田内部经过系统化整理的工具、实践和理念。

深入探究丰田的内部发展历程，我们会发现丰田是全面质量控制（TQC）的早期采纳者之一，并且是 1961 年戴明奖的首批获奖者。因此，TQC 的所有工具、实践和理念已经深深地融入了丰田的血液，成为其日常运营的一部分。然而，丰田将 TQC 视为从外部吸收的知识，并且倾向于认为 TQC 是任何一个优秀组织都会采纳的实践。事实上，丰田人甚至不会主动谈论他们的 TQC 起源和实践。与精益密切相关的许多实践，比如方针部署（hoshin kanri）或真北（True North）指标方法，都直接源自 TQC。实际上，当审视"丰田所做的事情"时，我们看到的是一系列在大多数西方国家被归类为 TQC/六西格玛或精益的做法。但事实上，它们都是"丰田所做的事情"的基本要素。在本书中，我们假设丰田商业系统或丰田之道是建立在这两个改进学派的基础之上的。为了更好地理解我们所讨论的内容，图 2-3 中展示的"丰田屋"提供了一个有用的视角。丰田之道建立在 TQC 和 TPS 这两大支柱之上，而这两大支柱又是建立在人才培养的基础之上。在我看来，这是理解丰田实践核心的更好方式。

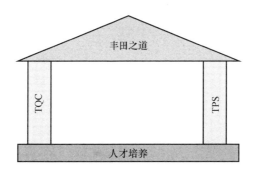

图 2-3　建立在人才培养基础上的"丰田屋"

本章总结

实际上，精益所讨论的是一种以人为本的改善系统，可以改善任何工作流程。这意味着精益的工具、原则和实践可以改善企业中的任何工作，无论您是公司的一部分还是独立运营，都能受益于此。精益转型的终极目标是建立一个能够永久解决客户问题的学习文化。

值得欣慰的是，当您致力于塑造这种新型企业文化时，您的努力不仅有助于构建更加精益的工作流程，还能有效减少各类浪费现象，比如减少缺陷、提升响应速度、降低人力成本等。如果实施得当，这将是一个立竿见影的过程。根据我的经验，我还没有遇到过任何一个组织在严格实施精益实践后，无法在短期内（三至四个月，甚至更短）通过提升生产率就实现实施成本的全面回报。

参考文献

[1]　Henry Ford and Samuel Crowther, *Today and Tomorrow* (Garden City, NY: Doubleday, Page & Company, 1926, reprinted by Productivity Press, New York, 1988).

第 **3** 章

化繁为简的衡量之道

在我的商业生涯中，有一个现象始终让我感到惊讶，那就是在经营企业时我们会衡量如此多的指标。回到我在罗克韦尔的时代，我们几乎衡量了一切。在每次的月度会议上，我们都会跟踪、报告和审查至少 100 项关键指标。从某种程度上说，所有这些衡量都是有益的，正因为我们对如此多的绩效维度保持警惕，所以很少出现绩效倒退的情况。如果绩效指标稍有恶化，我们就会在月度审查会议上对其进行深入研究。然而，随着时间的推移，我们逐渐意识到，尽管我们在衡量工作上投入了巨大的精力，但改善仍然难以实现。问题在于我们衡量的指标太多，导致无法判断采取行动后，哪个指标可能会受到影响。这种不确定性使我们举步维艰，就像被困在衡量的"紧身衣"中。在这种情况下，我们的绩效可能不会恶化，但也无法进步。

了解财务指标：个人示例

我花了很长时间才真正明白哪些财务指标是重要的。回顾我的思想历程，这一切可以追溯到 20 世纪 70 年代我在迪尔公司工作的那段时光。当时我得到了许多人的指导，其中一位关键人物是财务主管吉恩·斯科塔努斯（Gene Schotanus）。他交给我一个项目，为迪尔这个全球最大的农业设备制造商开发一个现金流预测模型。事实证明，吉恩的做法与丰田的指导方式非常相似：他给了我一个重大问题，但并没有提供过多的解决方案指导。真正的学习来自于努力理解问题，而不是直接传授答案。简而言之，这与大野耐一提出的"五个为什么"方法有着相似的逻辑——通过不断追问，揭示问题背后的根本原因。

那么，是什么原因导致迪尔的现金流增加或减少呢？

第一个为什么：库存和应收账款的变化是迪尔现金流波动的初始驱动因素。迪尔为其经销商的大部分库存提供资金，因此应收账款水平很高——同时，我们也有一定的批量生产库存。

第二个为什么：销售变化是库存和应收账款波动的主要驱动因素。

第三个为什么：销售变化主要受农民净收入波动的影响。

第四个为什么：农民的净收入主要受农作物产量变化的影响（尽管这听起来有些违反直觉——实际上，农作物减产往往会导致净收入的增加，因为小规模的短缺会大幅推高价格）。

第五个为什么：天气是特定年份农业生产波动的主要原因。不幸的是，当试图找到下一个原因时，我们开始研究太阳黑子对天气的影响，却发现无法破解全球天气的长期预测难题。

除了未能建立一个可靠的现金流模型之外，这项工作还加深了我对利润表、资产负债表和现金流量表各个要素之间关系的理解。

在迪尔工作期间，我的另一位导师是工程服务主管吉姆·拉德纳（Jim Lardner）。我们经常就公司如何提高生产率、生产率与规模经济的关系等问题进行长谈。因此，我将生产率作为核心财务驱动指标的理念早已根深蒂固。

丰田的真北指标

当了解到丰田是如何衡量其业务时，我开始意识到什么是通常所说的真北指标。这些指标是精心挑选的关键少数，如果每年都有所改善，"好事就会发生"。丰田确定了四项核心的真北指标：前三项是衡量业务绩效，而第四项则是衡量人才培养（尽管就重要性而言，它可能是第一位的）。这些真北绩效指标包括：

- 质量改善（Q）。
- 交付/交货期/流动改善（D）。
- 成本/生产率改善（C/P）。
- 人才培养（HD）。

真北目标是组织发展的长期指引，是代代相传的核心目标。在丰田，真北目标的质量标准是零缺陷。这意味着在每个工作流程、每一天、每个国家都要实现零缺陷。丰田意识到这一目标可能永远无法完全实现，但它将不懈努力，缩小当前状态与真北状态之间的差距。为了实现这一目标，丰田设定了两位数的年度改善目标，通常每个指标领域的改善幅度为 10%～30%。此外，必须在所有四个指标领域同时推进改善；如果只关注某一个指标的改善，其他被忽略的指标最终会制约整体改善的进程。

丰田谨防骄傲自满。成功往往带来傲慢，进而滋生自满情绪，最终导致公司失败，这在日本被称为"大公司病"。真北指标的设立正是为了防止自满情绪的产生。在丰田，虽然他们会庆祝成功，但这并不是重点；他们更关注的是公司当前状况与最终目标之间的差距。这种衡量指标方法的一个关键结果是让组织专注于持续改善、缩小差距，从而最大限度地减少对"我们有多好"的关注，避免由此产生的自满情绪。

衡量交货期的理想真北指标是什么？还记得第 1 章中提到的典型流程吗？其中 95%～99%（甚至更多）的时间和步骤都是非增值的。对于交货期或流动时间，真北的定义是 100% 的增值时间。如果流程中存在非增值时间，那么就存在真北差距，需要重点改进。

同样地，衡量生产率的真北指标是实现工作中 100% 的增值步骤。尽管可能无法彻底消除所有浪费或非增值步骤，但您仍然可以专注于持续改进流程。最近，我读到了一篇关于爱信精机（Aisin Seiki，丰田家族企业之一）经理的采访文章，内容发人深省。令人印象深刻的是，这家公司即使已经进行了长达 60 年的精益改善，今年仍然将生产率目标提高了 10%。60 年来，他们的生产率年年实现两位数的增长。这样的成就令人难以置信，但却是我们应该努力学习和追求的目标。

那么，人才培养呢？丰田深知，要实现前三项真北指标的持续改善，必须建立一个每个人都能为改善做出贡献的组织。这就是人才培养的作用所在。在丰田，仅仅以高绩效完成工作是不够的，还必须不断改进自己的工作。为了实现真北指标年复一年的两位数增长，丰田必须确保组织内的每个人都接受改善培训，激发他们的改善动力，并赋予他们改善的权力。

丰田有一句格言很好地表达了这一理念：“先造人，再造车”。换句话说，制造产品的关键在于培养人才。这一理念看似显而易见，但我们有多少次真正将人力资源的建设作为实现业务目标的重点呢？精益衡量实践必须包括对这四项真北指标的不懈追求。

高究竟有多高？

正如第 1 章所述，当我开始在罗克韦尔工作时，人们对标杆研究的兴趣与日俱增。于是，我们组建了一个小团队，尝试对全球制造企业进行对标研究，并衡量财务绩效的驱动因素——质量、交付时间和生产率/成本改进的趋势。借助罗克韦尔的全球影响力，我们对世界各地选定的公司进行了对标研究。最终，我们发现了大约 20 家日本公司，它们在改善和财务绩效的驱动指标方面表现出了显著差异。事实上，这些公司都与丰田存在某种联系。我们对这些公司进行了深入调查，甚至统计了停车场中的汽车数量，以确认其就业水平。结果，我们发现了一些引人注目的差异。图 3-1 总结了这些核心指标的差异。（需要说明的是，当时我们还没有意识到人才培养也是一项核心指标，因此它并未在图 3-1 中得到体现。）

核心指标	"批量生产"系统	"丰田"系统（精益）	
库存周转率	3x	30x	现金创造
客户投诉率	1%	0.01%	将公司转变为成长型企业
客户交货期		-95%	
空间		-90%	
生产率	1x	4x	利润率改善，6年内每年提高2%

大多数人没有意识到"高究竟有多高"

图 3-1 世界级标杆对比

我们的数据揭示了一些令人震惊的事实。尽管罗克韦尔是全球市场份额的领导者，我们曾自信地认为我们的业务部门将成为行业标杆，然而实际情况并非如此。在每一个案例中，我们都发现了一家生产类似产品的公司，它们的核心绩效指标远远超过了我们。在质量方面，这些标杆企业的表现高出我们两个数量级。换句话说，如果我们的产品每百万件中有 1 万个缺陷，那么这些企业的缺陷数可能只有 100 个。在流动时间方面，这些标杆企业的流动时间通常只有我们的 1/20～1/10，这意味着它们获得了更低库存和更快客户响应的好处。

在我们的研究中，最令人惊讶的是生产率方面的发现。尽管我们最初期望通过改进措施将制造生产率提高 40%，这已经是一个巨大的进步，但我们却惊讶地发现，有些公司的生产率竟然达到了我们的 400%，比我们预期的高出了一个数量级（10 倍）。事实上，我们甚至发现一些企业的生产率是我们这些全球领先企业的 500%。同样令人震惊的是，这些企业的行政部门也达到了同样的高水平。如果一家企业的规模与我们相当，我们的会计部门有 100 人负责应付账款，而他们可能只需要 20～25 人。这些数字在这些标杆企业中是真实存在的。我们观察到，这些日本公司致力于改进所有员工和行政领域的核心流程；换句话说，他们在行政领域运用了与生产领域相同的精益理念。然而，需要注意的是，大多数行政人员并不习惯严格的真北指标衡量。虽然他们可能会收到关于某些指标的反馈，但并没有真正被"衡量"。因此，他们最初可能会对这种衡量方式感到不适。有关建立精益文化的更多信息，请参见第 7 章。我们意识到，我们的目标不仅是将缺陷率降低 50%，而是要降低99%；不仅是将交货期减半，而是要缩短 90%或 95%；不仅是将生产率提升40%，而是要实现 400%的增长，并且这种提升需要贯穿公司的所有工作和流程。我们面临的挑战远比预期的要艰巨，但潜在的回报同样巨大。这使我们真正理解了"高"究竟有多高！

如今，很少有高管愿意花费 10 年时间来实现如此大的改善。更少有人真正意识到这种程度的改善必须贯穿工作的方方面面——从产品设计到应收账款的回收。

精益是一场致力于建立持续改善文化的转型，而不仅仅是追求短期战术收益的计划。虽然精益作为一种短期战术工具确实能带来帮助，但最大的收益是在组织内部建立持续改善的机制，推动个人和组织的共同成长。这可能是您留给子孙后代的宝贵遗产。

在杰克制动公司，我们深知提升 4 倍生产率的重要性，但我们不确定需要多长时间才能实现这个目标。因此，我们制订了一个为期 6 年的计划。虽然这个时间框架可能看起来有些随意，但它为我们设定了清晰的月度目标。只要我们每个月都能将整个企业的生产率提高 2%，那么 6 年后我们就能够略微超过 4 倍的目标。如图 3-2 所示，虽然每个月的情况有所波动，但在第二年之前，我们的增长率始终保持在每月 2%左右。然而，在此之后，我们遭遇了重型卡车行业的衰退，销量下降了 30%。尽管如此，在头两年半结束时，我们重新回到了增长轨道，尽管每月的增长率略低于 2% 的趋势线。从那时起，我升任汽车集团总裁，并与集团内的多家公司一起开启了精益转型之旅。

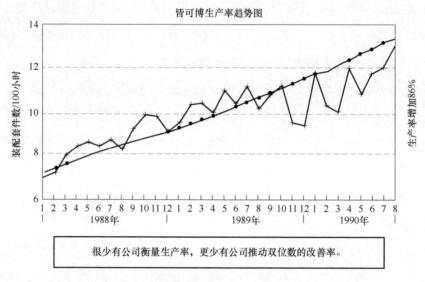

皆可博生产率趋势图

很少有公司衡量生产率，更少有公司推动双位数的改善率。

图 3-2　精益转换的影响：生产率（1）

几年后，我在杰克制动公司的继任者向我转发了图 3-3 所示的生产率趋势图，这张图揭示了一些值得深思的情况。如果看一下开始日期和起点生产率，您会发现在我离开后的 18 个月里，生产率几乎没有任何增长。这是因为管理团队对精益之路并未全力以赴——既没有积极参与改善活动，也缺乏推动成果的严谨执行力。然而，随着时间的推移，团队逐渐意识到各项指标都停滞不前，于是他们启动了企业内部的改善周活动，重新迈上了精益之路。在接下来的两年半中，杰克制动公司重新回到了每月 2% 生产率增长的轨道上。

经过 5 年的不懈努力，生产率提高了 271% 以上，4 倍目标似乎触手可及。到了 1998 年，也就是杰克制动公司精益之旅 10 周年时，公司的生产率已经超过了起点的 470%。

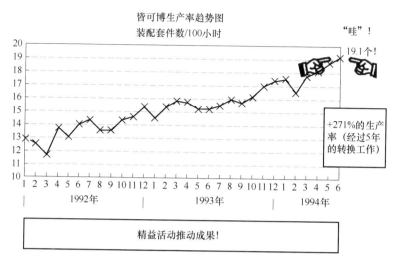

图 3-3　精益转换的影响：生产率（2）

此外，随着生产率的提高，交货期和质量也在不断改善。我们加快了流动并解决了制约生产率的问题，发现废品率和返工率等质量间接指标也出现了下降，见图 3-4。最初，这些收益是通过去除流程中的非增值步骤间接实现的；通过消除这些步骤，我们减少了出错的可能性。然而，到了第二年年末，这些间接收益的增长开始放缓，我们不得不开始解决质量问题，以维持发展的良好势头。总体而言，在前两年半结束时，我们的质量问题已减少了 80%。

改善交货期是我们的重点。在开始精益之旅时，我们采用按月批量发货的方式，导致平均交货延迟超过一个月（趋势见图 3-5）。像卡特彼勒和康明斯这样的客户都在努力保障发动机生产线的顺畅运作，而我们的交付延迟却给他们带来了困扰。因此，我们首次对所有生产价值流进行了全面审查（详见第 4 章），最终将总交货期缩短了近一半。

这项工作历时大约六个月，付出了巨大的努力。随后，我们再次审视了所有价值流，并成功地将剩余的交货期缩短了一半左右。接下来，我们重新布置了设备，进行了第三轮生产流程的重新设计，并再次将交货期缩短了一半。在最初的两年半里，我们又进行了两次这样的改善。我们的交货方式从每月一次批量交付逐渐缩短到每两周一次，再到两天半，最终实现了单日批次的交付。到第二年年末，我们成功地实现了每日生产周期，即每天都能生产每种产品，将生产周期缩短至仅一天。

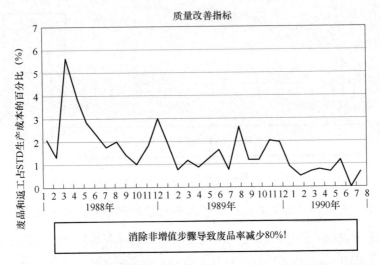

图 3-4　精益转换的影响：质量

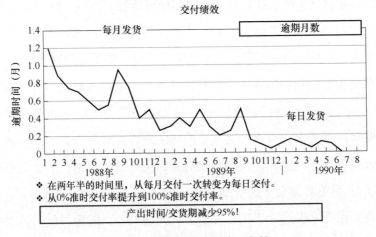

图 3-5　精益转换的影响：交付

我们又花了 6 个月的时间，确保在客户提前一天下订单的情况下，能够实现 100%准时交货。换句话说，卡特彼勒可以随时致电我们的生产团队，告知他们第二天需要多少个制动器，而这些制动器将在 24 小时内准时发货。

如果所有这些数字让您感到难以置信，不妨看看丹纳赫公司自 1987 年底在杰克制动公司开始实施精益以来的成就。您会发现，丹纳赫商业系统在核心业务和每次新收购中的应用，推动了销售和收益每年以约 25% 的复合增长率增长，并且保持高度一致。这创下了美国企业界的最佳纪录，甚至超越了沃伦·巴菲特的伯克希尔·哈撒韦和通用电气等知名企业。根据《今日美国》2007 年的报道，丹纳赫早期购买的杰克制动公司的股票回报率超过了44 000%！在这一切的背后，始终如一的领导力发挥了至关重要的作用。丹纳赫 CEO 拉里·卡尔普自丹纳赫早期就参与了 DBS 的应用，并持续为丹纳赫DBS 的实施提供了坚定而有力的领导。

四项真北指标详解

现在，让我们更深入地探讨每个真北指标。

质量改善

质量改善就像妈妈做的苹果派一样，谁都难以抗拒它的美味。然而，现实中许多公司似乎缺乏提升质量的动力。这是因为大多数高层领导更关注利润表和资产负债表等纯财务指标，因此，我发现将质量与这些指标关联起来，能够有效提升大家对质量改善的重视程度。有一项研究对我理解质量的重要性产生了深远影响，那就是布泽尔（Buzzell）和盖尔（Gale）[1] 提出的 PIMS 原则。他们研究了大约 300 家公司的经营策略和实践，试图找出始终有效的成功策略。经过详细研究，他们发现两种策略始终与高投资回报率（ROI）密切相关。第一种是高市场份额，这是一个众所周知的原则——在收购时，企业通常只会选择行业中排名第一或第二的公司。他们发现，较高的市场份额几乎总是与较高的投资回报率密切相关。除此之外，他们还发现了另一个关键事实：客户对质量的认可越高，投资回报率也就越高。

当从图 3-6 的右侧向左移动时，您会发现随着市场份额的逐步提升——从低到中再到高，相应的投资回报率柱状图也呈现上升趋势。同时，沿着图表从前到后观察时，您会发现产品质量从客户眼中的低质量逐步转变为中等质量，最终提升至优等质量。无论市场份额的高低，提升质量始终伴随着投资回报率的增长。举例来说，即使您的市场份额较小，但如果产品质量出色，您的投资回报率也能达到 20%，这本身就是一个相当可观的回报。而如果您的公司不仅市场份额高，而且产品质量卓越，那么您的投资回报率将高达38%，这无疑是一个极为理想的回报。因此，无论您今天的行业地位如何，追求卓越质量始终是获得最佳回报的关键。有了这个参照系，您可以始终将质量收益的目标设定为两位数的增长，并深刻认识到这是一个伟大的商业决策。

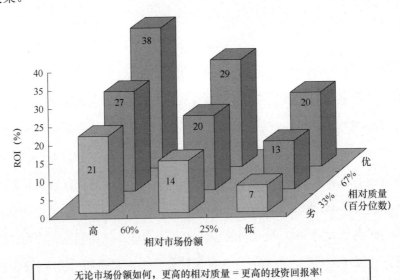

无论市场份额如何，更高的相对质量 = 更高的投资回报率!

图 3-6　精益转换的影响：投资回报率

另一个关于质量以及如何关注质量的视角来自技术援助研究计划（TARP）的研究。在这项研究中，研究人员发现，平均而言，"由于产品缺陷、故障或其他基本质量问题而失望的客户中，90%的人选择默默离开，并且再也不会回来"。更为严重的是，"其中85%的人还会至少向其他 9 个人抱怨他们的不满，而剩下15%的人则至少会向其他 20 个人表达不满"[2]。我经常发现，产品工程师通常需要积累大量的客户投诉后才会开始认真研究某个问题。但是，如果您仔细计算一下，您所听到的每一个投诉，实际上都可能代表着大约 10 个真正的质量问题，同时还有 130 个潜在客户可能因质量问题而受到警示。因此，这也正是为什么日本的质量大师曾经告诫他们的学生，要把每一个质量问题都视为一块金子，因为这不仅代表了改进的机会，还揭示了所讨论的质量问题仅仅是冰山一角。

从积极的一面来看，著名管理顾问保罗·本德（Paul Bender）指出："将现有客户转化为回头客的成本，仅为获取新客户成本的 1/6。"因此，质量改善实际上是成本最低的销售和营销活动之一。

持续质量改善是一种增长策略，而精益首先应该被视为一种增长策略，其次才是成本改善策略。当您以这种方式对待精益时，它将变得更加强大。

交付/交货期/流动改善

大多数高管在思考精益实施所带来的收益时，通常首先想到的是库存水平的降低。尽管这个概念足够正确，而且是一个值得追求的合适指标，但库存本身只是整个流动中的一部分。实际上，为客户提供快速响应的供应商所带来的好处才是整个流动改善的核心。许多高管往往认为，交货时间、交货期、生产周期、响应时间等方面的结构性改善并不具有显著的价值。然而，在我所见过的几乎每个组织中，这种响应能力的提升对客户来说却具有巨大价值，并且是推动收入增长的主要驱动力。

在《与时间竞争：基于时间的竞争如何重塑全球市场》（*Competing against*

Time: How Time-Based Competition Is Reshaping Global Markets）一书中，乔治·斯托克（George Stalk Jr.）和托马斯·霍夫特（Thomas Hout）[3]回顾了时间周期压缩（即流动）对企业增长的影响。他们发现，通常情况下，将客户交货期缩短 75%，会使企业的增长速度达到行业增长速度的 2～5 倍，这一点在图 3-7 中有所体现。

公司	业务	交货期缩短	平均增长
阿特拉斯门业	工业门	66%	5倍
拉尔夫·威尔逊塑料	装饰层压板	75%	4倍
托马斯维尔	家具	70%	2倍

> **精益可以缩短所有客户敏感流程的交货期：**
> **产品开发/应用工程/订单录入/纠正措施**

图 3-7　交货期缩短 75%：增长速度是行业速度的 2～5 倍

因此，如果您所在行业的年增长率为 3%，通过缩短交货期，通常可以将业务增长率提高到 6%～12%。这种增长带来的财务杠杆效应非常显著，尤其是与其他精益改善措施相结合时。在 20 世纪 90 年代，HON 公司通过采用缩短交货期的策略，将其有机增长率从 4%提高到 12%以上，并且从办公家具行业的第 5 名跃升到第 2 名。

瓦特隆电气公司在生产半定制加热器时，将这一概念应用于其中一个业务部门，该部门通常需要为特定客户的需求开发独特的设计变体。开始精益之旅时，瓦特隆希望大幅提升生产率，并将精益作为增长策略，以充分利用预期释放的人力资源。因此，他们决定从面向客户的早期流程入手，而不仅仅是关注生产周期的管理。在该行业，通常从初次报价请求到响应需要大约一个月的时间。如果客户接受报价，通常还需要一个月来准备工程图纸供客户审阅。接下来，制作原型并供客户检查和最终批准的过程通常还要一个月左右。整个流程的中标率通常仅为 15%左右。

最初的精益工作聚焦于分析三个关键流程——报价、应用工程/绘图以及原型制作。初期目标是对每个流程进行三轮研究，每轮预计能将流程步骤和时间减少约 50%。经过第一次优化后，流程会再次进行评估，以进一步减少50%的步骤和时间。第三轮优化则着重确保每个步骤的响应时间比竞争对手至少减少 75%。最终，经过三轮优化后，每个流程的时间从原本的一个月缩短至一周。

让我们设想一下，一位客户工程师正全力推进他的项目。他的任务可能超出了预期（如果不是这样，我们可能会觉得雇用了太多的工程师，对吧？），而且很可能已经落后于进度。于是，他发出了一个所需特殊加热器的报价请求。一周后，他收到了瓦特隆的报价。由于尚未收到其他公司的报价，他决定让瓦特隆继续进行下一步的工作。又过了一周，他收到了瓦特隆提供的工程图纸。此时，他依旧没有收到其他公司的报价，于是指示瓦特隆开始制作原型。一周后，原型送达他手中，而其他公司的初始报价仍然没有音讯。考虑到瓦特隆是一家声誉良好的合格供应商，这位工程师几乎可以肯定会将业务交给瓦特隆。事实上，在采取这项措施的第一年，这家原本增长率仅为3%的企业，其增长率已经突破了 15%。现在，是时候将精益应用于生产工作中了，以应对业务量的激增。

令我惊讶的是，这并非组织的正常反应。举例来说，即使在如今应用精益理念增长最快的医疗健康行业，医生们通常也会对这样一个事实感到惊讶，"受访者表示，他们宁愿开车去更远的地方、支付更高的费用，甚至考虑更换医生，只为获得更快捷的服务。"[4] 然而，医疗机构总是对加快患者流动会带来的显著变化感到震惊。

同时，让我们思考一下流动时间对其他领域的交叉影响。我们已经看到，更快的流动能够促进业务增长。那么，流动对产能又会产生什么样的影响呢？

如果工作顺畅流动起来，您几乎可以减少所有资源的使用。以英国皇家海军辉煌号航空母舰为例，这艘舰艇经历了一次全面的精益改造。通过研究和重新设计每一个流程——从武器装备的管理到飞机的绑缚，再到厨房中薯条的准备——英国皇家海军成功地将飞机的流量提高了2/3。这意味着，他们在空中能够维持比过去多约70%的飞机数量。在这种情况下，精益改进几乎为英国皇家海军提供了一艘免费的航空母舰（包括舰艇、船员、飞机等），所有这些都是通过让一切畅流起来所实现的。这样的改进相当于创造了价值超过十亿美元的产能。英国皇家海军指挥官艾伦·马丁（Alan Martyn）（现已从海军退役，曾是Simpler咨询公司的导师）领导了辉煌号上的精益转型工作。

或者以ThedaCare为例，这家领先的医院组织在精益之旅中取得了显著成就。他们通过应用精益工具和实践，彻底改变了医院与患者之间的接触方式。经过重新设计后，患者在接受必要治疗时的干扰和等待时间大幅减少。这一改进带来了显著成果：普通患者的错误减少了约80%，每次住院时间缩短了约30%，同时住院的平均成本也降低了超过30%。因此，畅流不仅提高了服务质量和患者满意度，还降低了30%以上的成本，增加了约30%的医院容量。这一成果再次证明了精益在提升多个核心绩效维度方面的强大协同效应。

重点是，交付/交货期/灵活性的真北指标能够成为推动增长的巨大动力。与持续质量改善一样，交货期改善也是一项强大的秘密武器。尽管它本不应是秘密，但事实上确实如此。

成本/生产率改善

如果我们查看大多数公司的利润表，会发现实际上只有两类成本占据了总成本的90%以上。它们分别是：外部采购成本和业务运营所需的人力成本。大多数分析师倾向于将注意力集中在外部采购上，因为这通常是最大的一项成本。然而，尽管外部采购是最大的单一成本类别，但在这一领域创造竞争优势可能非常困难。

外部采购

公司的大部分外部采购（比如钢材和塑料树脂）受全球市场大宗商品成本的驱动，因此对所有参与者来说价格都是相同的。如果您的产品中包含独特的零部件（比如汽车燃油喷射器、座椅制造商的脚轮），这些零部件通常是由行业专家生产并销售给您的所有直接竞争对手。要让这样的供应商接受真正的精益转型，往往是一项极具挑战性的任务。在日本，丰田通常持有其关键供应商的股权，并经常任用退休的丰田高管来管理供应商。（正如供应商们所说，新退休的丰田高管"从天而降"，担任他们的董事长）。然而，在日本以外的地区，丰田很少能够实现对供应商的股权控制和高层管理的一致性，这使得丰田在推动供应商接受其精益系统方面困难重重。根据我的经验，无论何时，20 位 CEO 中只有一位愿意承担真正的精益转型工作和风险。当您试图引导供应商走上正轨时，可能会投入大量时间和精力，但成功的可能性并不高。即便有所进展，您也可能会发现，那些旨在促进供应商业务增长的改善措施，同样也会惠及您的直接竞争对手，从而削弱您在供应链上的竞争优势。

人员

当您审视财务报表中的各种收入或成本项目时，除了外部采购成本之外，超过 90% 的项目在长期内实际上都与企业运营所需的员工人数密切相关。我在罗克韦尔工作的时间不长，汽车业务就经历了一次周期性的衰退，我们的业务量减少了一半，迫使我们必须削减一半的成本。我们想方设法削减一切开支，包括邮资、电话费、电脑费等，结果发现这些成本在很大程度上都与员工人数挂钩。尽管那是一次丑陋的裁员经历，但我们从中学到了一条宝贵的教训：如果我们能够在不增加更多员工的情况下实现增长，不仅可以节省直接的人力成本（比如工资和福利），还可以减少办公空间、额外电话、电脑、会议室的数量和大小以及其他间接费用。

很难找到不受企业雇员数量影响的事情。因此，我恍然大悟，内部成本的关键驱动因素是生产率，而生产率决定了我们 90%以上的内部成本（即可控成本），这些成本实际上决定了我们的附加值和竞争差异。

尽管我们经常谈论生产率，但很少有高层管理人员真正花时间深入研究如何衡量生产率，也很少有组织会系统地制定提高生产率的目标，并为达到甚至超越这些目标而努力。然而，生产率实际上是决定企业长期竞争优势的唯一主要可控成本驱动因素。

因此，几乎所有组织的增值成本都主要由生产率驱动。外部采购往往无法成为企业差异化竞争力的决定性因素。相反，真正决定企业增值效益和竞争力的是企业如何利用其增值成本，即员工，来转化材料或信息。这一转化过程的效率，就是我们所说的生产率。

让我们这样来思考：生产率衡量的核心在于单位投入所带来的产出。产出是您的关键价值，无论是制动器的生产数量、治愈的患者人数还是航空母舰的可持续出动率，而投入始终是人力资源。通常情况下，我们不需要关注每个人的具体薪资，而应该关注生产一个单位产出所需的总人力资源小时数。举例来说，在杰克制动公司，我们将所有受薪员工的投入计算为每周 40 个小时，而小时工则按实际工作时间来计算。我们认为，比起计算每个人的工资差异，更重要的是找到一个能够涵盖全体员工的企业衡量标准。因此，我们的生产率衡量标准是制造每个发动机制动器所需的工时。

还有一个例子是在 HON 公司，我们面临的挑战是产品组合的多样性。我们需要找到一种方法来比较生产单板办公桌、椅子和金属文件夹等不同业务部门的绩效。在这种情况下，我们以产品的美元价值作为产出，以工时作为投入。我们的衡量标准是每位员工每小时销售的美元金额。我们还维护了原始单价的档案，确保价格的波动不会影响到生产率的评估。最终，这一切都归结为一种度量单位，以帮助我们更好地理解和提升生产率。

作为高管，您可能会发现，提升质量和缩短交货期的改善往往能迅速获得支持，然而在提高生产率方面，您可能会遇到重重阻碍。毕竟，要实现真正的生产率提升，您必须重新设计人们的日常工作，这需要大规模的变革管理。

一个经验法则是，如果您计划投入 30%的时间来推动精益改善工作，那么这 30%的时间可能会这样分配：

- 10%用于推动组织朝着质量目标迈进。
- 10%用于实现交货期目标。
- 10%用于达成人才培养目标。
- 70%致力于实现生产率的提升。

由于高管通常不涉及生产率的衡量，并且缺乏提升生产率的经验，因此让他们参与这一过程意味着他们需要学习新的做法和行为模式，这并非易事。更为关键的是，大多数行政人员从未以生产率为衡量标准，也不愿意这样做！

丰田曾经为其关键供应商的领导者制作了一本手册，其中明确指出："生产率：这是关乎企业生死存亡的问题……那些在为客户提供优质商品和服务方面比竞争对手更高效的公司将会蓬勃发展，而效率低于竞争对手的公司则将走向灭亡。"经验表明，尽管质量和交货期的改善能够促进增长，但生产率的提升才是提高利润率的关键所在。

人才培养

真北指标背后的核心理念是促使员工不断审视并改进他们的日常工作，而这一过程必须从人的因素着手。俗话说："硬件易建，软件难改。"培育一种支持精益转型的持续改善文化是一项极具挑战的任务。正如丰田所强调的那样——"先造人，再造车"，凸显了人才培养的重要性。在第 7 章中，我将深入探讨人才培养和文化建设，以及支持精益学习文化的关键领导力行为。但现在，让我们从一个正在进行精益转型的组织的起点出发。

组织需要学习新的精益工具，掌握新的工作方法，并在整个变革过程中提供支持。如果员工已经掌握了所有精益知识，您认为他们会在工作中应用并将其传播出去，但事实并非如此。尽管对精益的讨论不绝于耳，但您应该对公司内部人员在精益方面的实际知识和经验持有适度的期望。

精益学习、精益认同和精益成果的关键基石是个人全职参与改善团队。丰田投入了大量时间尝试各种方法来实现"成果+学习+态度改变（文化）"。最终，丰田发现，自主研活动（jishuken event）——一种为期一周的集中改善活动——是实现这三大目标最有效甚至可能是唯一的途径：财务成果、学习机会和文化变革。一个典型的改善周活动由 6～8 人组成的团队执行，他们将在一周内全力以赴、专注于改进价值流的关键部分。

改善周活动是成功实施精益转型的重要标志之一。对于高级领导者来说，目睹浪费的存在是无可替代的经历。谈论精益是一回事，但真正深入到组织的工作流程中，识别出每一个增值和非增值步骤，并发现 95% 以上的操作都是由非增值时间（换句话说，就是浪费）组成的，则完全是另一回事。这种亲身经历使领导层清晰地看到浪费的真实情况以及周围存在的大量浪费，从而激发了他们推动改善的决心。

参与这些活动还能学习到精益领域的新工具和实践。几年前，丰田进行了一次深刻的反思，以评估其在北美业务中推进丰田之道的进展。毕竟，在过去的 25 年中，他们一直在挑选并培养员工以这种方式工作。反思的结果表明，对丰田之道核心理念的理解和承诺存在显著不足。为此，丰田采取的纠正措施是重新聚焦于自主研活动的应用。虽然许多丰田的领导者认识到这些活动能够带来改善，但他们往往忽视了自主研在促进学习和文化变革方面的强大作用。

因此，在进行精益转型的过程中，人才培养领域的一个关键指标是活动参与度。目标是实现广泛的参与（以获得更广泛的支持）和深度的参与（深度来自于参加过百余次活动的人，他们对精益理念有着深刻的理解和坚定的信念，将成为未来的导师或大师）。统计研究表明，经历过两次活动之后，员工对整个精益转型过程的认同感会有显著提升。因此，组织应尽快让尽可能多的员工参与至少两次精心策划的改善活动。

除此之外，在人才培养领域还有其他重要的指标，比如安全。但对于组织来说，新的指标将来源于通过自主研活动所获得的学习经验和文化变革的积累。

真北指标与财务指标的关联

让我们尝试将四项真北指标与通常的财务指标联系起来。首先，仔细审视利润表中的关键项目：

- **销售额**：在精益转型中，质量改善、交货期缩短以及新产品开发流程的优化都会推动销售额的增长。

- **销售成本**：销售成本主要取决于生产率的提升。如果生产率翻倍，人力成本将减少一半。这可能需要几年时间，但一定会实现，并且影响深远。

- **销售、一般及管理成本**：这一成本的绝大部分由人力成本构成。当生产率翻倍时，这些成本将减少一半。

- **融资成本**：随着精益对资产负债表产生积极影响，您将看到债务减少或有价证券增加；无论哪种情况，您的融资成本都会朝着有利的方向变化。

现在让我们快速了解一下对资产负债表的一些影响：

- **营运资金**：随着库存周转率的提高，您会发现支持特定销售水平所需的营运资金会减少。如果管理得当，还可以通过改善交货期，从客户那里获得更快的付款条件，从而进一步减少所需的营运资金。

- **固定资本**：随着畅流的建立，您会发现现有的设备和设施可以生产更高的产量。典型的精益企业在其行业中的资本密集度只有普通企业的一半；而那些采用 3P 等工具以精益方式重新设计其流程的先进精益企业，可以将固定资本需求降至行业标准的 1/4。（有关 3P 的更多信息，请参见附录 A。）

- **债务**：随着营运资金的释放，债务会减少；同时，随着净利润的提高并用于偿还债务，债务也将随之下降。我曾参与过的一家制造企业，在实施精益的第一年就将生产率提高了 30% 以上（全企业范围）。这导致净利润增长了 6.9 个百分点，使得该公司能够在不到三年的时间内偿还了其杠杆收购（LBO）产生的债务。

这里有两个值得注意的概念。一个是通过推动四项真北指标，您可以同时影响所有这些利润表和资产负债表项目，一起朝着正确的方向发展。另一个是同时进行这些工作所带来的协同效应。不出所料的是，随着您从资产负债表和利润表的影响中获得协同效应，投资回报率往往会成倍增长。图 3-8 显示了 HON/HNI 公司加热器业务部门的成果，正是这种协同效应的体现。在此期间，HNI 公司现任 CEO 斯坦·阿斯科伦（Stan Askren）曾担任加热器业务部门的总裁。

对真北指标的高度关注，在图 3-8 中描述的每个类别中都体现为积极的财务效益。值得注意的是，尽管所有真北指标的改善都是两位数水平，但财务指标的提升则已突破三位数。所有这些结果都可以直接归因于精益改善活动所带来的累积收益，这些收益现在已经在组织的整体财务绩效中变得非常明显。

☐ 可记录事故率	−81%
☐ 保修费用	−69%
☐ 交货期	从6周到5天
➢ 混合卡车装载，从制造到经销商的订单	
☐ 按时完成	从84%到98%
☐ 企业生产率	+38%
☐ 库存周转率	+171%
☐ 销售额/平方英尺	+131%
☐ 营业收入百分比	+221%
☐ 资产回报率	+237%
☐ 现金流	+519%

HD、Q、D和C驱动所有财务指标

图 3-8　精益转型 7 年后的壁炉制造公司

请记住，同时改进真北指标需要进行重大变革，这将是一项真正的挑战。这需要付出大量的艰苦努力，尤其是在领导层。这不是免费的午餐，但如果您能够推动变革，并为团队注入真正的变革动力，它将以难以想象的方式改变您的业绩。

我发现，四项真北指标确实推动了各个方面的改善，并可用于聚焦精益工作，以实现所有改善维度的协同效应和全面的财务影响。然而，精益转型在组织实现增长时效果最佳。在许多方面，精益都能释放出新的能力，包括人员能力（生产率增长）和流动能力（空间利用率提高，设备利用时间提高）。因此，当您在四项真北指标上取得良好的精益发展势头时，也在为组织创造能力。而当这种能力被用于实现更高的增长率时，就会产生最大的财务影响。如果您能够利用这些能力推动增长（这应该通过更好的交付、质量表现以及加速新产品开发来实现），那么您就能获得毛利率的增长，一美元一美元地流入净利润——这对净利润的影响甚至比生产率提高所带来的利润率增长要大得多。因此，包括丹纳赫在内的许多精益企业都将增长纳入其真北指标集，以最终实现质量（Q）、交货期（D）、成本/生产率（C/P）、人才培养（HD）以及增长目标（G）。尽管这是将改善的驱动因素与改善的结果之一混合在一起，但对于大多数企业来说，这是一个很好的增补重点，因为它为真北指标驱动的改善所产生的大部分影响提供了"杠杆"。

本章总结

我还没见过哪位高管在进行精益转型时认为可以将组织的生产率提高 4 倍，将质量错误减少 99%，或将交货期缩短 95%。然而，这些都是有据可查的真正企业转型的标准。那些认为有可能实现这些目标的少数高管必须明白，要实现这些目标可能需要长达 10 年的不懈努力。

起初，这样的时间跨度可能会让人感到气馁。但有趣的是，经过几年的持续改善后，您会渴望这种改善能够持续下去。因此，如果在精益转型的最初几年后，您在某个特定目标的改善方面遇到了瓶颈，不妨回顾一下所有主要影响真北指标的精益工具（见附录 A），并评估每个工具的应用广度和深度。事实证明，通过扩大这些核心工具的使用范围（必要时，增加专门针对真北指标的改善活动），您将能够发掘出更多的改善机会。

参考文献

[1] Robert D. Buzzell and Bradley T. Gale, *The PIMS Principles: Linking Strategy to Performance* (New York: Free Press, 1987).

[2] Source unknown.

[3] George Stalk and Thomas Hout, *Competing against Time: How Time-Based Competition Is Reshaping Global Markets* (New York: Free Press, 1990).

[4] Paul D. Mango and Louis A. Shapiro, "Hospitals Get Serious about Operations," *McKinsey Quarterly*, 2001, no. 2:74–85.

第 **4** 章

价值流分析指引改善计划，
改善活动促其实现

价值流（Value Stream）是将价值从客户需求传递到客户履约的一系列工作步骤。在制造业中，价值流通常是指特定运营中生产的关键产品系列。每个产品系列都有其独特的流程和关键工序，这些共同构成了该系列的价值流。起初，不同价值流之间的交叉可能会扰乱流动，但随着改善工作的进行，这些干扰通常会被逐步消除。

在医疗环境中，一系列服务构成了针对个体患者的价值流。比如，一名被诊断为急性心肌梗死（AMI）的患者将遵循一系列特定的步骤，进行进一步诊断和治疗，直到出院并完成结算。这些连续的步骤构成了价值流。同样地，对于英国皇家海军而言，一艘航空母舰的运营也可以视为一个单一但复杂的价值流，其产出是舰载机的可持续出击率，即保持更多飞机在空中，以确保舰队防卫或攻击敌方目标的能力。

因此，价值流是产品或服务流向客户的工作路径。重要的是要认识到，无论是生产产品还是提供服务，价值流的概念和应用方式都是相似的。以医疗健康行业为例，ThedaCare 最初将注意力集中在其主要业务之一的价值流上。图 4-1 展示了其初始状态的价值流分析（VSA）。

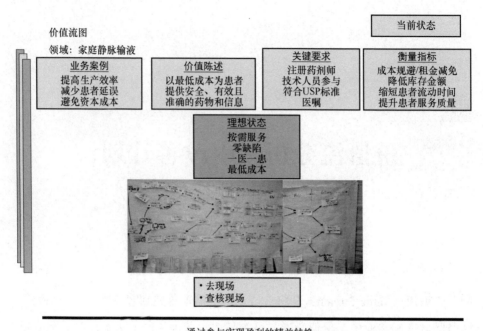

通过参与实现盈利的精益转换

图 4-1　ThedaCare：初始状态价值流分析

遍历价值流以创建初始状态价值流分析

创建初始状态的价值流实际上就是逐步遍历整个价值流。深入了解和确定日常遵循的实际工作实践至关重要。这种在实际工作中的观察走访总是让人大开眼界，因为它往往与纸面或电脑中的描述大相径庭。您会发现，一些您认为正在执行的任务实际上并未被执行，而员工们也在做一些您之前并不知情的日常工作。

令人惊讶的是，在整个组织中，竟然没有人能够完整地描述当前价值流的所有步骤。从事某项工作的人往往对价值流中其他人的工作一无所知，这导致了许多流程中的返工现象。您可能还会发现，员工是通过与即将离职的同事或上司进行简短交谈来接受培训的。结果是，他们手中虽然有一份工作步骤清单，却对为什么要这样做知之甚少。最糟糕的是，这种方法所获得的知识甚至不足以为改进流程提供依据。

此外，在行政流程中，我们常常在出现问题时匆忙介入，重新设计几个步骤，通常是增加一些额外的检查或返工，然后匆忙离开（毕竟，还有其他问题需要解决，所以我们无法花时间真正了解整个流程）。最终的结果是，由于采取了这种救火式的改善方法，典型的行政流程每年都会出现 1%～2%的生产率下降。

初始状态价值流分析与真北指标

初始状态的价值流分析扮演着多重关键角色。它为流程改善设定了一个起点，提供了一个参照基准。一个有效的初始状态价值流分析应该至少记录价值流在四项真北指标方面的表现。这意味着，在分析过程中应包括一些人才培养的衡量指标，比如事故率、员工离职率等，并收集揭示质量问题的数据，为后续的质量改善提供依据（为质量柏拉图提供原始数据）。此外，初始状态价值流分析能够揭示延误和流动阻碍的具体位置，同时反映出人力资源的使用情况，为未来的资源优化提供数据支持。

然而，大多数关于价值流分析的资料往往忽略了这些真北指标，更多地关注于生产率和交付时间，而没有充分考虑质量和人才培养的重要性。要全面理解并改进价值流，所有四项真北指标都至关重要，必须将它们纳入分析的基准体系中。

帮助您发现浪费

初始状态的价值流分析通常是识别浪费的第一步。因此，我强烈建议由业务部门的领导团队主持精益转型启动阶段的首次价值流分析。这样做不仅能够确定每个工作步骤是否真正为客户创造价值，即是增值步骤还是非增值步骤，而且还能让他们直观地理解，如果客户目睹这些步骤，他们是否愿意为之付费。这将是领导层第一次亲自了解他们所拥有的价值流中的实际浪费情况。

发现这些浪费具有双重意义：

1. 它让领导层认识到什么是浪费。

2. 它开始为领导层提供改善的动力。

在记录实际工作时，很难确定所看到的是否是一个经过精细调整、无法改善的价值流。在精益的早期阶段，让高层领导学会识别浪费是价值流分析最为关键的成果。在分析图表中，通常会使用浪费机会爆炸点（标记）来标明每个关键浪费的位置。这些小图形标注了价值流中需要改善的地方和改善的类型。

这些爆炸点为后续的改善步骤提供了指引，您将在这些环节中应用各种精益改善工具。

不必详细探讨精益工具箱中的每一个工具，因为精益原则和工具可以解决每个真北指标领域的关键问题（见图 4-2）。比如，面对流动阻塞和时间浪费，可以通过减少设置时间来降低批量大小。您可以建立一个看板系统，以最小化在纪念碑流程（即那些限制多个价值流顺畅流动的单一流程步骤）周围的流动中断。另外，您还可以建立单件流，以维持流程的连续性。

改善维度

人才培养	质量	交付/流动	成本/生产率
团队参与 6S 安全工作场所设计 人体工程学改善 提案建议系统	零缺陷 5个为什么 安灯系统 防错法 自我/连续检查 7种统计工具 因果卡图 失效模式和影响分析 田口方法	节拍时间 单件流 拉动 装载-装载 快速换模 看板 全面生产制造 生产准备流程 供应链开发 均衡化生产	非增值/增值 标准工作 少人化
转型价值流分析 业务转型计划 战略部署 精益实践			

图 4-2　四项真北指标

头脑风暴，创建理想状态价值流

在记录了价值流的初始状态后，团队开始集思广益，构想理想状态的价值流。他们设想如果所有的非增值步骤都能被去除，那么这个价值流会呈现出怎样的状态。虽然在首次改善中无法完全去除所有非增值步骤，但通过设想这个"完美流程"，团队确立了一个高标准的改善目标。通常情况下，在努力改进某个领域时，您可能会设定一个相对较小但有意义的目标，比如提高5%。这样的成果对您来说已经是一个重要的进步了。

确定理想状态的关键是设想畅流流程究竟是什么样的。畅流流程通常比当前流程少95%的步骤。如果您以这个理想状态的价值流作为参考，并尽量少地添加步骤，那么这个理想状态将为您提供一种全新的改进范式，见图4-3。这种范式通常要求您去除价值流中大约一半的步骤。通过这种全新

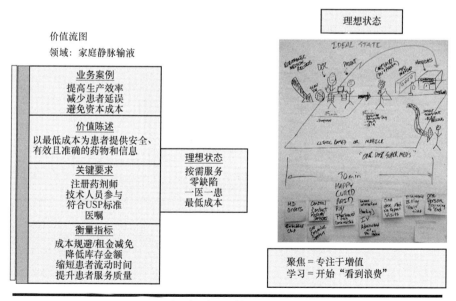

图 4-3　ThedaCare：理想状态的价值流

的视角，您将设定更高的改善目标，即去除一半的步骤，相较于通常的 5%，这代表着量级上的突破。

创建未来状态价值流

下一步是创建未来状态的价值流，这代表了在接下来的 6～18 个月内计划在这个价值流中实际进行的改善（见图 4-4）。

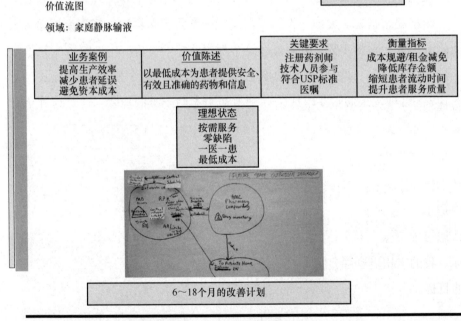

通过参与实现盈利的精益转换

图 4-4 ThedaCare：未来状态的价值流

在这一步中，您需要确定关键的浪费机会爆炸点，并制订工作计划来解决这些问题。通常，工作计划包括三种类型的工作。其中一些改善措施是"快速行动"，这些是在进行价值流分析时显而易见的快速修复措施，可以分配给相关人员立即实施。其他（非常少量）改善则涉及传统项目类型的工作。比如，可能需要对软件进行修改以适应新的工作实践。然而，最主要的影响将来自于改善活动，这些活动专注于在一周内对价值流进行实质性且快速的改善。

改善目标

在未来状态价值流映射的过程中，确保制定一个切实可行的实施行动计划至关重要，这也是关键的交付成果之一（见图 4-5）。为了建立有效的行动计划，您还需要为每个真北指标设定明确的未来状态改善目标（见图 4-6）。

在最初阶段，您可能会对设定多高的改善目标感到困惑。通过观察多个不同组织的价值流，您会发现一个大致的平均值，那就是应该考虑将工作步骤减半。换句话说，在实施任何活动、项目和行动之前，您应该设定将流程中的总工作步骤减半的目标。这意味着，如果能够将工作步骤减半，您可以合理预期，相关的人员投入、错误/缺陷数量以及流动时间/交付时间都将相应减少一半。如果这是您第一次进行价值流分析，您可能会对设定如此高的改善目标感到犹豫。然而，如果不这样做，您很难实现真正的高绩效。因此，将工作步骤减半是一个很好的起点，因为它既有重大的意义，又在精益改善中是相当常见的结果。如果您仍然觉得这些高标准的改善目标难以接受，那么您可能需要一位经验丰富的导师来帮助您设定切实可行的价值流改善目标。我的丰田老师通常会用"坏的减半，好的加倍"来概括价值流改善计划的目标。

工作计划和职责

未来状态的工作计划应当明确规定每个快速行动、项目和改善活动的具体日期和责任分工。仅仅完成价值流分析而不制定相应的改善工作计划或执行实际改善措施，这本身就是一种浪费！有时您会发现，一些组织虽然记录了大量价值流信息，却从未真正着手改善——这正是我们需要消除的浪费。

行动计划

关键影响：$ = 降低成本　Q = 提高质量　CS = 提高客户满意度　EOC = 成为首选雇主

ThedaCare家庭护理：静脉输液价值流分析

活动	项目	行动	描述	交付成果		评论	状态
				计划			
				影响	日期*		
x			输液接收和临床评估流程（17、46、3、15、24）	$、Q、CS、EOC			
x			AMC的中心化配置标准工作（36、24、22、11）	$		改善AMC药房以备迁出福克斯角	
x			AMC的中心化配置6S活动（10、2、34）	$		改善AMC药房以备迁出福克斯角	
x			创建AMC的门诊输液室（21、28、44）	$、Q、CS、EOC			
x			库存整合看板（19、38）	$、EOC			
	x		规范护士在门诊输液中的临床角色（13、9、35、43、18）	Q、EOC			
	x		改善送货上门流程	$			
	x		计算机系统集成（30、8、14）	$、Q、CS、EOC			
		x	将服务转移到医疗设备（5）	$			
		x	保险数据库（36）	$、CS			

通过参与实现盈利的精益转换

图4-5　ThedaCare：行动计划

地点　　　ThedaCare　　　　日期：1/18/2005　　　**R. I. 活动报告**

结果：

团队议题	结果衡量	之前	未来潜力	变化（%）	评论
	患者流动时间（小时数）	4.0	2.5	−38%	
	手动触摸次数总和	6.7	4.5	−33%	
	库存 $ @THAC	$75 657	$25 000	−67%	重复的库存
家庭静脉输液价值流分析	库存周转率 @THAC	13.9	24.0	−73%	
	福克斯角至AMC的行驶里程/年	15 600	5 200	−67%	
	移交门诊	6.0	3.0	−50%	
	移交家庭护理	9.0	4.0	−56%	
	年度所需租金	$56 000	–	−100%	需要维护2个药房实验室：将并入AMC
	翻新福克斯角药房实验室所需资金	$200 000	–	−100%	

调查

1（总体满意度）：4.1	5（初次就诊）：	9（准备和团队）：4.0	4.0
2（顾问绩效）：4.6	6（未来参与）：	10（议题理由）：4.4	4.6
3（结果影响）：4.3	7（领导会议）：	总体平均值（Q1～Q10）：4.1	4.3
4（学习经验）：4.4	8（生产系统原则）：		3

关键经理调查得分/10：8.9　　评论：里克·贝瑞（Rick Berry）：　　评论+：THAC经理……干得好！

通过参与实现盈利的精益转换

图 4-6　ThedaCare：结果

此外，我们需要警惕过度依赖电子化价值流图的趋势，这已经成为许多组织的通病。虽然电子存储方便快捷，但限制了团队成员同时查看和讨论价值流图的能力。最佳实践是在现场附近的公共区域，以直观的方式展示价值流图，这不仅可以促进深入学习和理解，还有助于形成可视化和协作式的工作环境。另外，绘制电子化价值流图通常需要较强的计算机技能，但我们希望创建一个人人都能参与绘制的环境。

利用便利贴来描述价值流，可以让每个人积极参与到价值流图的构建和修改过程中。如果工作人员和管理者没有参与制定和修改价值流图，整个变革管理工作可能会陷入停滞。

5次规则

许多高级管理人员在改善时会追求一种激动人心的范式：力求首次便达到完美，以期一次性获得所有可能的改善成果。这听起来像是一劳永逸的解决方案。然而，在精益实践中，无论我们多么努力，首次审视价值流时都不可能识别出所有的浪费。在完成了第一次完整的价值流改善之后，比如经过了18个月的艰苦工作，研究了价值流中的每个工作步骤，并实施了初始工作计划中的关键改善措施之后，就是重新开始改善的时候了。您会发现，第一次的价值流改善已经取得了显著的成果。但与此同时，另一个有趣的现象也会随之而来：这些初步的改善措施暴露出更深层次的浪费。因此，改善的工作并未结束。您需要重新开始，逐步记录和审视您已经改进过的价值流，开展第二轮的改善计划。通常，新一轮的改善计划能够消除价值流中一半的剩余步骤、缺陷和时间。

精益成功的关键在于不断重复执行这一过程，而非一蹴而就。一个好的经验法则是，在您认为已经接近精益化之前，至少应对每个价值流和工作流程进行5次（5×）深入研究。如果您认识到需要进行这种程度的流程研究，您将对如何组织和支持精益转型有一个全新的认识。

每一次重新审视价值流都将带领您迈向更高的绩效水平，而且每一次的改善本身也是有利可图的。在对每个价值流进行了 5 次深入研究后，通常可以消除 90% 的初始浪费，减少 90% 的错误和缺陷，缩短 90% 的产品或服务交付时间，减少 80% 的劳动力需求（是的，80%！），并将事故率和员工流失率降低 90%。这些数字听起来可能难以置信，但那些真正进行了 5 次或更多次价值流研究的组织已经实现了这些令人惊叹的成果。最重要的成就是您的组织将学会相信持续改善的力量。很少有组织能够真正理解"持续改善"这一概念及其内涵。人们可能听说过这些词汇，但他们内心所想的却是"阶段性改善"。换句话说，"做了这件事，得到了这份收益，然后就可以结束了。"

经历了 5 次（5×）价值流改善的组织已经内化了持续改善的理念。到那时，组织内的每位成员都会深刻理解亨利·福特的名言："我们自身秉持的态度是，我们肩负着发现做每件事最佳方法的使命，并且必须将当前业务中的每一个流程视为纯粹的实验。"[1]

以美国红河陆军仓库（RRAD）的 HMMWV（悍马）价值流为例，他们曾面临加速 HMMWV 装甲升级的挑战，以更好地保护士兵免受简易爆炸装置的威胁。如果您曾关注过相关报道，可能会记得大约一年后，这个问题逐渐从新闻中消失了。这一转变得益于美国陆军装备司令部在再制造和装甲升级过程中加快了精益实施的步伐。

图 4-7 显示了在相同的建筑面积内，红河陆军仓库在 14 个月的时间里实现了生产率增长 3 倍、周产量增加 200 倍。事实上，这并不是通过一次价值流改善就能轻松实现的。如图 4-7 所示，首次对 HMMWV 价值流的分析和改善仅用了 4 个月的时间，便实现了产量的 20 倍增长。当然，这只是一个起点，为了持续提升，他们需要付出更多努力。因此，红河团队并没有止步不前，而是重新出发，继续他们的探索和改善之旅。

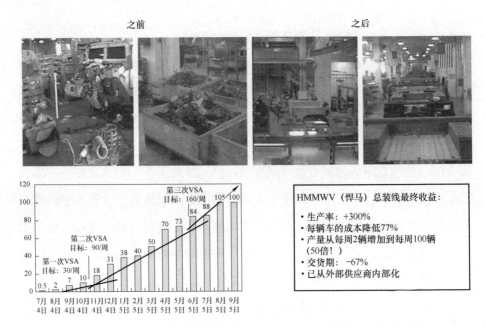

图 4-7　红河陆军仓库：HMMWV 精益转型

通过深入的现场巡视，团队对改进后的价值流进行了细致的再分析。在这个过程中，他们发现了更多消除浪费的新机会，并通过一系列的改善活动、快速行动和项目来解决这些问题。经过大约 8 个月的努力，他们取得了约 140 倍的显著进步，但他们知道还有更多的提升空间。于是，他们再次对新改进的价值流进行了细致的审视，寻找进一步的改善机会，并开始了新一轮的价值流改善计划。第三次改善使他们的周产量惊人地提高了 200 倍。在几个月的时间里，他们就达到了所需的产量水平。通过三轮连续的价值流改善，他们成功实现了产量和生产率的显著增长。

瓦特隆在定制加热器业务中通过多次改善优化了客户导向的流程（见第 3 章）。一般来说，行业标准需要大约 3 个月的时间来完成竞标过程（包括报价、工程设计和原型制造），最终只有大约 15% 的投标能够转化为实际订单。瓦特隆的年业务增长率大约为 3%。他们开始意识到，如果从生产领域开始实施精益，每年可以释放出大约 20% 的生产资源。因此，他们决定先从客户流程入手进行改善（见图 4-8），而不是直接从生产领域开始。

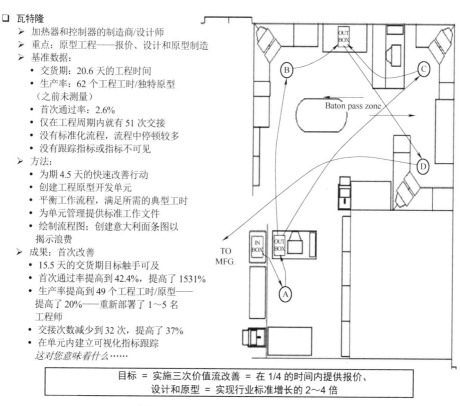

❑ **瓦特隆**
- ➢ 加热器和控制器的制造商/设计师
- ➢ 重点：原型工程——报价、设计和原型制造
- ➢ 基准数据：
  - 交货期：20.6 天的工程时间
  - 生产率：62 个工程工时/独特原型（之前未测量）
  - 首次通过率：2.6%
  - 仅在工程周期内就有 51 次交接
  - 没有标准化流程，流程中停顿较多
  - 没有跟踪指标或指标不可见
- ➢ 方法：
  - 为期 4.5 天的快速改善行动
  - 创建工程原型开发单元
  - 平衡工作流程，满足所需的典型工时
  - 为单元管理提供标准工作文件
  - 绘制流程图；创建意大利面条图以揭示浪费
- ➢ 成果：首次改善
  - 15.5 天的交货期目标触手可及
  - 首次通过率提高到 42.4%，提高了 1531%
  - 生产率提高到 49 个工程工时/原型——提高了 20%——重新部署了 1～5 名工程师
  - 交接次数减少到 32 次，提高了 37%
  - 在单元内建立可视化指标跟踪
  这对您意味着什么……

目标 = 实施三次价值流改善 = 在 1/4 的时间内提供报价、
设计和原型 = 实现行业标准增长的 2～4 倍

图 4-8　工程：报价设计和原型制作

瓦特隆的精益改善效果迅速显现。在对每个价值流进行第二次迭代时，公司的增长率已超出预期的 4 倍，这标志着在生产领域开始实施精益的时机已经成熟！

在这项工作中，一个引人注目的方面是其对行政生产率的影响。您会发现，在四项真北指标领域内的努力带来了协同效应，显著提升了整体绩效。因此，不仅通过消除报价、工程、原型和制造过程中的非增值步骤带来了生产率提升，更快的周期和响应时间还使得中标率提高了 4 倍以上，这相当于生产率的又一次 4 倍增长。

还有一个案例来自新乡奖的获奖企业之一——位于印第安纳州利戈尼尔的 Freudenberg-NOK GP（FNOK）公司，该公司专注于生产各种汽车应用的减震产品。

图 4-9 展示了对同一价值流进行多次改善的影响，这正是"不懈追求完美"的生动体现。最初，每位员工的生产率仅为每小时 55 件。在对工作区进行的第一次改善周活动中，团队成功地将产量提升至每小时 86 件，实现了约 50%的生产率增长。许多组织可能会认为，"哇，我们的生产率提高了50%——我们已经做到了所有可能的改善"，然后就永远离开了这个区域！

在同一零件编号上重复改善
FNGP 印第安纳州利戈尼尔工厂，1992~1995 年

	1992 年 2 月	1992 年 4 月	1992 年 5 月	1992 年 11 月	1993 年 1 月	1994 年 1 月	1995 年 8 月
员工人数	21	18	15	12	6	3	3
每位员工每小时制造的零件数	55	86	112	140	225	450	600
使用空间（平方英尺）	2 300	2 000	1 850	1 662	1 360	1 200	1 200

- 要实现全面的精益成果，需要对每个流程进行至少 6 次完整的审查
- 如果准备充分并采取后续行动，更多的改善活动 = 更多的成果

在这个三班制的运营中，精益改善计划开始前的基准绩效为每班 7 名员工。

在此期间，职业安全与健康管理局（OSHA）报告的事故和工伤赔偿成本均下降了 92%以上；总资本支出不到 1 000 美元，用于购买一个能实现单件流的、尺寸合适的在线涂装系统。

资料来源：詹姆斯 P. 沃麦克（James P. Womack）和丹尼尔 T. 琼斯（Daniel T. Jones），《精益思想》（Lean Thinking）。

图 4-9　收益递减规律的逆转

下个月，FNOK 团队重返该生产区域，进行了又一次的深入研究，结果生产率再次提升了 30%。6 个月后，他们再次回到这里，这次改善又获得了20%以上的增长。按照边际效益递减的规律，经过三轮持续改进后，您可能会感觉收益开始减少，也许是时候转向其他领域进行改善了。然而，FNOK 团队并没有放弃，两个月后他们再次回来，这次获得了 60%的生产率提升。他们并没有因此满足，一年后，他们再次回到这个区域,生产率惊人地提高了 100%,

达到了每小时 450 件。8 个月后，FNOK 继续努力，再次实现了 30% 的生产率增长。最终，他们的人均产出比起点提高了 10 倍以上——这证明了只要愿意持续不断地对一个区域进行多次重新研究和改善，将工作内容减少 90% 是完全可能的。实际上，我们大多数人都会止步于最初的 50% 提升，这正是我们大多数人与那些真正追求卓越的少数人之间的差别。

当 FNOK 荣获新乡奖时，这家公司已经在精益之旅上走过了 6 年的时光。在这期间，他们进行了超过 8 000 次的改善周活动，使得全公司的质量水平从超过 2 000ppm（每百万件的缺陷数）降低到 50ppm 以下，在制品库存减少了 80% 以上，并在全公司范围内实现了超过 175% 的生产率增长。[2] 这一成果展示了持续应用精益的强大力量。

示范价值流

ThedaCare 在改进医院价值流的前几年取得了一定的成效，但在其精益之旅的第四年，他们决定重新出发。ThedaCare 决心打造一个未来医疗保健的典范模型，即丰田所称的"示范线"。示范线旨在建立一个在整体性能上极为先进的范例，任何目睹其运作的人都能清晰地认识到这是一种成功的模式，并展现出卓越的绩效水平。示范线不仅是一个高度完善的样本，也是推动变革管理的关键工具。

示范线通常是第一个经过多次改善的区域。通过多次改善，不仅取得了突破性成果，而且使得该区域开始按照新的方式运作，并逐步发展出一套精益管理的实践。示范线不仅展示了精益的力量，还有助于建立一种新的学习文化，以确保持续的改善和进步。它代表了未来组织在成果、人才培养和持续改善文化方面的理想模型。为了创建示范线，ThedaCare 的 CEO 约翰·图桑特（John Toussaint，现任 ThedaCare 医疗价值中心 CEO，该机构致力于提升整个医疗系统的价值）通过价值流分析，深入研究了 ThedaCare 旗舰医院的核心医疗服务价值流，并为下一阶段的改善制定了关键的工作计划（见图 4-10）。在重新设计核心价值流的过程中，ThedaCare 不仅重新规划了医生、药剂师和护士的工作流程，还重新设计了医院楼层的物理结构，以适应新的流程和协作护理模式。在这种协作护理模式下，病人由护士、医生和药剂师组成的团队共同负责护理。这个团队从一开始就以团队协作为基础，综合运用三个学科的知识和经验，共同为病人制订护理计划。

重塑核心医疗价值流

❑ 以护理为中心的医院护理愿景
❑ 新型住院护理服务模式基于：
    ➤ 团队角色和职责的转变（<u>人员</u>）
    ➤ 创新（<u>流程</u>）
    ➤ 防错、拉动生产和可视化管理原则
❑ 提供专门为模型设计的环境，以减少浪费、确保安全并促进康复
❑ 通过 T.I.S.（ThedaCare Improvement System）实现
    ➤ 3 个垂直价值流
    ➤ 28 个快速改善行动（RIEs）/项目

图 4-10　ThedaCare：协作护理

事实上，ThedaCare 构建示范价值流的过程是围绕 3 个垂直价值流和 28 个快速改善行动展开的。垂直价值流图是由 Simpler 咨询公司为精益项目管理而开发的一种工具，如图 4-11 所示。

ThedaCare 的示范线展示了多个核心精益原则的实际应用，包括防错（poka-yoke）和自动化（Jidoka，即停止流程以修复错误）。更值得一提的是，ThedaCare 通过邀请患者加入改善团队，真正将客户的声音融入改善过程中。图 4-12 显示了流程中设立的关键过程控制点，这些控制点确保了患者护理的质量。

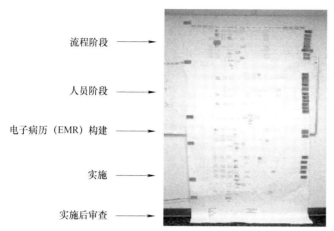

流程阶段

人员阶段

电子病历（EMR）构建

实施

实施后审查

THEDA♥CARE

图 4-11 规划：垂直价值流图

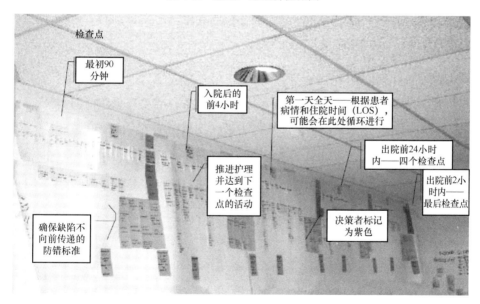

检查点

最初90分钟

入院后的前4小时

第一天全天——根据患者病情和住院时间（LOS），可能会在此处循环进行

出院前24小时内——四个检查点

推进护理并达到下一个检查点的活动

出院前2小时内——最后检查点

确保缺陷不向前传递的防错标准

决策者标记为紫色

图 4-12 价值流检查点

总体而言，ThedaCare 的示范线在一个已经成为全国患者服务质量绩效标杆的组织中，成功地将错误率降低了超过 80%。此外，通过提供流动护理，尽管病情稍有加重，但患者的平均住院时间仍然缩短了 28%。在财务方面，

每位患者的住院费用也减少了超过 30%。这一成就无疑标志着医疗保健绩效迈向了一个全新的里程碑。

改善周的力量

ThedaCare、红河陆军仓库、FNOK 以及英国皇家海军展示的显著改善案例，都是通过为期一周的集中改善活动实现的。这种模式早在丰田成立之初就被采纳，被称为"自主研"（jishuken）活动。在日常工作中，它通常被形象地称为"五天一夜"活动，因为团队成员在这一周的工作强度极高——其核心理念是，在这段时间内全力以赴地进行改善，仿佛只睡了一夜。这种紧张的模式让人想起美国海军陆战队的新兵训练营，进行改善周活动的部分原因与海军陆战队的极端训练理念相似——将参与者推向极限，濒临崩溃，然后再用新的模式进行重塑。

在大野耐一的时代，人们进行了许多关于改善活动理想结构的实验。最终，为期一周的活动结构被证明为最有效。这是因为这段时间既足够长，可以在同一周内完成价值流的大部分工作，并重新设计和实施新流程；同时也足够短，如果要在周末前完成，就不能花很长时间讨论是否要这样做。早期的改善活动设计主要基于变革管理的原则，即要推动改善，首先需要让团队成员亲临现场并真正改变工作，而不仅仅是研究工作。

因此，当时的工作强度是如今很少见的。我的日本老师刚开始教我的时候，我们的工作模式非常接近最初的状态。尽管这非常令人兴奋，但随着时间的推移，我们发现通过适度减轻压力和确保充足的休息，同样能够实现预期的改善效果。

改善活动是价值流改进的主要机制之一。其中一个原因在于，我们的日常工作往往围绕着应对紧急情况的"救火"模式展开。在这种模式下，

"救火"时肾上腺素的飙升总是会挤掉根本原因改进所需的稳定关注。虽然日常改善是长期目标，但它更多地被视为一种理想状态，而不是达到目标的手段。在一个以应急处理为主导的组织中，如果您专注于日常改善，那么应急任务将永远占据上风，您会发现自己几乎没有时间投入到流程的根本性改善中。因此，改善活动的优势在于，作为业务领导者，您可以确保至少有一周的时间，您的 6 名团队成员能够全身心地投入到改善工作中。如果您能够有效地组织改善活动并彻底跟进（对大多数公司来说，第一年左右的情况并非如此），那么您的改善成效将与改善活动的速度大致成正比。当然，前提是您有效地组织了这些活动，并在所研究的领域进行了认真的跟进。

改善周的另一个意义在于，它为团队成员提供了宝贵的学习机会。正如《财富》杂志一篇关于丰田的文章所述："丰田长期以来始终认为，只有在深谙此道的大师指导下，通过在工作场所的不断实践，才能真正掌握丰田之道。"[3] 因此，改善团队最好由那些在应用精益工具、实践、原则和领导行为方面经验丰富的人来指导。

根据我在丹纳赫和 HON/HNI 的亲身经验，您可以将改善周视作大学学分。要获得相当于大学学位水平的精益知识，您可以把自己全职参与的每个改善周视为一个学分。通常情况下，十几周的高强度应用实践大致相当于从幼儿园毕业。您知道它是有效的，但却不知道如何才能在其他领域复制您的成功。如果您一直保持在学习曲线上，并不断积累改善活动的经验，您会发现在大约36～40次活动之后，您达到了另一个学习临界点。此时，您已经熟悉了企业内部正在使用的大多数精益工具，并且有能力作为团队成员有效地运用它们。有趣的是，尽管您知道如何使用这些工具，但通常您还没有完全认同应用这些工具时应该遵循的核心精益原则，因此在实践中经常会出错。您可能会偏离轨道，因为很长时间内您会觉得这些原则并不适用。尽管精益的核心原则很容易理解，但它们与我们一直以来被教导的组织工作方式完全相反，因此很难应用。然而，如果您遵循导师的指导并继续积累活动经验，那么在大约 60 次活动之后，您将开始真正相信这些原则，并能够有效地领导改善工作，因为此时您不仅掌握了这些工具，还能以符合精益原则的方式应用它们。

经过大约 100 次改善活动后，个人会发生本质上的转变——"转变"这个词恰如其分地描述了这一过程。这些人已经看到，无论研究何种工作，应用精益工具和遵循精益原则总能带来显著的改善，他们现在明白了什么是真正可能实现的。这让他们对当前存在的浪费感到不满，更重要的是，他们会自我激励，持续推动改进，永无止境。此时，个人将会主动推动精益改善，不管是否得到外部支持。实际上，如果有必要，他们会变革组织，以确保能够继续在一个将改善视为常态的环境中工作。这些人现在已经准备好成为导师，引导他人走上精益之路。

当您培养出一批拥有丰富实践经验的精益骨干时，您的组织就踏上了自我持续改善的旅程。关键不在于他们是否掌握了所有的精益知识，而在于他们坚信自己能够实现持续改善，并永不止步。

改善周不仅仅是实现精益成果的手段，也是一种学习方式，更是推动持续改善的动力源泉，会对组织文化产生深远影响。正确理解改善活动的方式是，它们带来了三种成果：提升业务绩效、学习精益工具和原则以及推动文化变革，帮助组织建立一个持续改善的学习型文化。正如登山者回答为何要攀登山峰一样："因为山就在那里。"精益领导者对待浪费的态度也是如此："我努力消除浪费，因为浪费就在那里。"

对于组织而言，改善活动可以作为文化变革或态度转变的衡量标准。最重要的是，参加改善周活动能够培养新的态度和行为。当加入 HON 时，我要求每位总经理在第一年内参与十几场改善活动——他们都必须经历从"幼儿园"毕业的过程。其中一位业务部门总经理戴夫·梅尔胡斯（Dave Melhus），后来成为威猛（Vermeer）制造公司的执行副总裁，并在那里开始了精益工作。他曾参加过"幼儿园"级的培训计划，深知其影响力。因此，他与威猛制造公司的 CEO 玛丽·安德里加（Mary Andringa）在进行了大约两年的精益工作后，进行了一项分析。他们将员工调查的得分与每个人参与精益活动的次数进行了对比（见图 4-13）。

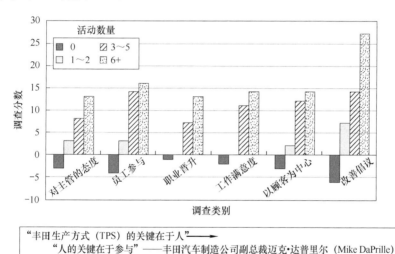

图 4-13　调查分数与活动参与度的比较

图 4-13 中的数字表示员工在特定调查问题上的得分与公司平均得分之间的差异（典型得分约为 50）。举例来说，如果您从未参加过改善活动，您对主管的态度比平均水平略显消极，得分为-3 分；参加 1～2 次改善活动后，您对主管的态度就会稍有改善，得分上升至+3 分；参加 3～5 次改善活动后，您对主管的态度进一步提升，得分增至+8 分；而参加 6 次或更多活动后，您对主管的态度大幅提升至+13 分。对于大多数问题而言，+13 分代表了显著的改善。通过分析调查中的关键问题，我们可以清楚地看到，参与改善活动次数越多，员工对公司的整体感觉越积极：他们更喜欢自己的主管，对员工参与度和职

业晋升机会感到更满意，工作满意度更高，对客户需求的关注度也更强。总体来说，员工对工作环境的看法发生了根本性改变。这些都是衡量改善周对文化建设影响的重要指标。

图 4-14 展示了 ThedaCare 进行的类似研究，探讨了参与改善活动次数对员工态度和文化转变的影响。在这个案例中，调查涉及的 10 个领域中有 7 个领域的满意度得分呈现出积极的改善趋势。参加两次或更多改善活动的员工整体满意度较高，特别是在"推荐该组织作为理想工作场所"这一关键问题上表现尤为突出。另一个重要发现是，从第二次改善活动开始，员工对组织的积极态度迅速而显著地提升。经历了 8 次活动之后，调查分数开始趋于稳定，表明员工对组织的个人承诺已经达到了非常高的水平。

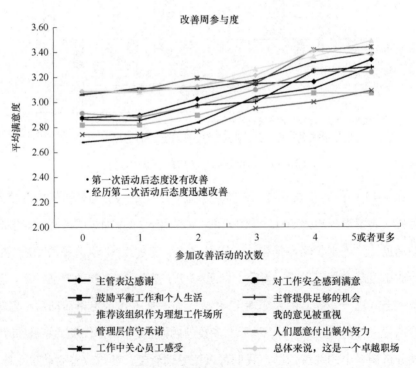

图 4-14 改善活动参与度调查

本章总结

价值流分析是一种制订计划并学习如何识别浪费的方法。通过对同一价值流进行多次改善，可以不断提升其效果。因此，早期的目标之一是选择一个价值流，进行多次研究和改进，以向整个组织证明您具备持续改善的能力。此外，改善活动不仅带来预期的精益收益，还为组织提供了学习工具、认同精益原则并推动文化转型的路径。

参考文献

[1] Henry Ford and Samuel Crowther, *Today and Tomorrow* (Garden City, NY: Doubleday, Page & Company, 1926, reprinted by Productivity Press, New York, 1988).

[2] Joe Day, CEO FNOK, Shingo Prize Conference keynote presentation, 2002.

[3] Clay Chandler, "Full Speed Ahead," *Fortune*, February 7, 2005.

第 5 章

战术性组织实践

在本章中，我将概述精益转型过程中的一些日常实施。这些"战术性组织实践"（与第 6 章中探讨的更高层次的战略性组织实践相对应）旨在提升真北指标的双位数年度改善率，并加速流程研究与改善的步伐。我将介绍一系列指导原则，涉及支持资源的配置和类型，以确保这种改善速度的可持续性。此外，我还将介绍支持行政领域持续改善的具体准则，以及人员重新部署的实践方法。总而言之，本章的目的是向您介绍实现精益成果、建立组织认同感和提升团队士气的关键实践。在归纳出本章讨论的准则之前，我亲自尝试并评估了多种不同的方法，虽然这些方法可能不是最佳实践，但它们是切实可行的，并且一直在帮助我们取得成功。

$n/10$ 规则

总体而言，您的改善速度大致与成功开展流程研究和变革的速度成正比，也就是说，它与您实施支持价值流改善计划的活动速度成正比。事实上，您可以粗略地将改善活动的速度与实现四项真北指标（见第 3 章）的两位数改善收益联系起来。要实现一定水平的改善成果，就必须保持一定的活动频率和流程改善速度。

根据我在丹纳赫和 HON/HNI 的经验，采用大约为 $n/10$ 的长期活动节奏似乎效果不错。这里的 n 代表价值流中正在开展工作的人数（或者是正在进行转型的整个工作场所，甚至是整个公司的员工人数）。通过应用 $n/10$ 规则，我们可以将总人数除以 10 来估算出每年需要开展的改善活动次数。这些活动由 6～8 人组成的团队进行，持续一周，旨在研究和改善特定的价值流程。比如，在一个拥有 1 000 名员工的场所中，长期可持续的流程改善速度大约是每年 100 次改善活动。这样的活动速度足以实现四项真北指标每年 10%～30% 的两位数增益，包括质量（比如外部客户投诉率、内部缺陷率等）、交货期（比如客户交付时间、库存水平等）、成本（比如企业级生产率）以及人才培养（比如活动参与率、事故率、离职率等）。

在 HON 公司的 17 个业务部门中，我们设定并成功实现了以下改善目标：

- 每年将事故率降低 20%。

- 每年将客户投诉率和缺陷率减少 20%。

- 每年缩短交货期 50%，直至实现单日周期（这是一个重要的战略目标，因为通过精益实践提高客户响应能力是促进增长的一种方式，随后可以利用精益努力释放出的资源，尤其是人力资源，来支持这一目标）。

- 企业生产率增长 15%（这通常是在销售额每年增长约 15%，而员工数量保持不变的情况下实现的）。

这些改善速度相当激进，但在我目睹的其他精益转型中已经被超越。要实现这些目标，毫无疑问需要严格的纪律和全力以赴的投入。关键在于，如果不付出艰苦努力，深入研究并持续改善流程，就无法期望达到这样的改善速度——这正是 $n/10$ 规则所强调的。如果能够每年以两位数的速度推动四项真北指标的改善，便能够促使利润表和资产负债表上的各项数据朝着积极的方向发展。在 HON 公司，我们基本上实现了每年 15% 的增长，而不需要增加额外的人力资源（每年允许一些正常的人员流失，以便引入新鲜血液），也不需要扩大占地面积（增加的流动性几乎提供了所需的全部空间）。同时，由于库存周转速度的加快，所需的营运资金也并未显著增加，并且由于更有效地利用了资本，每美元收入的固定资本投入也有所减少。

让我们以 FNOK 公司为例，进一步说明这一规则。该公司在精益转型过程中取得的显著进展，由首席执行官乔·戴（Joe Day）在新乡奖年度大会上进行了概述。

图 5-1 展示了 FNOK 的年度改善活动次数与其年度净财务节余之间的关系。

FNOK 公司整体层面

	1992	1993	1994	1995	1996	1997	1998	1999	2000	2001
活动数量（次）	200	600	1 000	1 000	1 000	1 000	1 000	1 000	1 000	1 000
净财务节余（百万美元）	2	4	7	7	7	16	19	21	30	31

> **持续应用工具，持续创造节余！**

图 5-1 递减收益法则的逆转

FNOK 拥有约 5 000 名员工，其目标是按照 $n/5$ 的激进速度开展活动，即每年进行 1 000 次改善活动。在转型初期，公司领导层在前 3 年显著加大了努力。1992 年，由于项目在年中启动，该年度仅完成了部分活动，共开展了 200 次改善活动，为公司带来了 200 万美元的净财务节余。进入 1993 年（第一个完整年度），公司将活动次数增加至 600 次，净财务节余达到 400 万美元。到了 1994 年，FNOK 成功实现了每年 1 000 次改善活动的目标，并在接下来的 7 年里保持了这一节奏。值得注意的是，FNOK 在 1994 年、1995 年和 1996 年的年度净财务节余均达到了 700 万美元。随着技能的不断提升和内部导师的涌现，1997 年 FNOK 的年度净财务节余增至 1 600 万美元。1998 年，随着 FNOK 成熟度的进一步提高，年度净财务节余达到了 1 900 万美元。此后，1999 年净财务节余达到 2 100 万美元，2000 年增至 3 000 万美元，2001 年（新乡奖演讲前一年）更是达到 3 100 万美元。这是精益实践中的一个反直觉现象：通常我们会预期，随着同一套工具的持续应用，收益会逐渐递减。然而，在精益实践中，我们一次又一次地看到，那些坚持不懈推行精益的组织能够证明，随着人才培养的不断进步，他们的收益也在增长，这是通过对精益工具、实践、原则和领导力行为的不断经验积累所实现的。

因此，FNOK 的案例为我们提供了两个宝贵的启示：一是 $n/10$ 改善活动速度的影响；二是只有在精益计划的第 5 年或第 6 年，组织才会开始真正精通这些改善技能，而到了第 10 年左右，收益才会开始加速增长。

FNOK 在加快精益流程研究和改善速度方面的做法，代表了大规模、多地点组织的典型转型路径。他们花费了大约 3 年的时间来达到预期的长期改善活动节奏。这种加速通常是通过在每个工作场所选择一个初始的示范价值流作为起点，然后在此基础上展开努力。改善工作以每个示范价值流中的总就业水平为基础，按照 $n/10$ 的速度逐步推进。通常情况下，当组织完成了示范价值流预期的 5 次迭代的"首次通过"时，他们会在同一地点启动第二个价值流的改善，同时在第一个（示范）价值流中保持 $n/10$ 的改善活动速度。当第二个价值流接近完成其"首次通过"时，他们会在该地点启动第三个价值流，并在原有的两个价值流中维持 $n/10$ 的改善速度。通过这种方式，改善速度逐渐稳定增长，帮助组织更好地应对大规模变革和持续学习新知识的挑战。

设计改善团队

多年来，我所在的组织尝试了各种理论，探讨改善周团队应该由谁组成。最佳实践结果表明，一个由 6～9 人组成的团队效果最佳，其中包括以下必要成员：

- 一名来自被研究领域的主管：该成员负责提供对当前流程的深刻理解，

并在改善活动结束后，负责实施和管理新流程。

- 两三名来自该领域的一线员工：他们了解当前的工作方式；活动结束后，他们将帮助团队其他成员接受新方法；他们个人的改善活动经验也是长期文化变革过程的一部分。这些一线员工不仅会获得新的问题解决技能，还将开始理解和支持所在领域的改善。事实证明，最能激发员工参与感的方式就是改进他们自己的工作流程。事实上，工作领域和流程缺乏改善，往往是员工每天在工作中感到沮丧的主要根源。

- 一两名具有丰富改善经验的团队成员：他们在团队中发挥了提升效率的作用，不仅凭借丰富的知识和经验，还因为他们对精益方法的有效性坚信不疑。这些成员通过参与多达 60～100 次的改善活动，逐渐成为组织未来的精益导师。

- 一两名可选团队成员：虽然他们对活动本身的直接贡献可能有限，但在个人学习和发展方面将获得收益。然而，需要注意的是，过多的非核心成员可能会分散团队的注意力，因此必须限制这一群体的人数，确保他们不会超过团队中经验丰富的精益成员的数量。

一个典型的改善活动团队通常包括一名团队领导和一名助理团队领导。最佳实践建议，团队领导应由具有丰富精益经验的资深成员担任，他们是组织内部精益实践的领军人物。助理团队领导则通常是改善领域的直接主管。如果让领域主管直接担任团队领导，他们可能会倾向于尽量缩小变革的范围，而非追求最大的改善效果。因此，让他们作为助理团队领导参与进来，可以更好地确保改善活动的成效。

另外，可选团队成员还可以包括管理层和其他高管，他们通过参与改善活动，能够获得宝贵的实践经验，学习如何识别和消除浪费。成功的精益组织会要求所有高管在入职的第一年内参与一定数量的改善活动。在整体转型守护计划中（见第 6 章）应包含一个详细的计划，明确如何利用每次改善活动作为帮助高管们学习和成长的平台。

　　高级管理人员应该以团队成员的身份参与改善活动，而不是担任团队领导。由于高级领导通常缺乏深厚的精益技能，并且对特定工作领域了解有限，全职参与将为他们提供最佳的学习体验。越是资深的高管，可能越会认为只需部分参与即可。但这种态度不仅会削弱他们的个人学习效果，同时也不尊重其他团队成员的努力和时间。对于计划参与改善活动的高级管理人员，最好的做法是将参与视为全情投入，就像他们每年安排的几周休假一样。在这段时间里，高级管理人员可以暂时放下日常工作，而组织仍能正常运转。因此，必须以同样的方式对待改善周的参与。

　　此外，如果供应商为正在研究的价值流提供材料或服务，考虑将供应商作为可选成员也是不错的选择。同样，邀请一位客户代表，特别是那些代表价值链另一端的最终用户，也能为改善活动带来宝贵的视角。有时，公司还会允许对精益实践感兴趣的其他组织人员作为团队成员参与进来。虽然这并非成功的关键因素，但却是分享学习成果的好方法。

关键活动失败的模式

　　一些公司会举办改善周活动，进行流程变更，但在活动结束后的几周内不再跟进，导致所有必要的改善措施未能得以实施。这种做法成为最常见的改善活动失败模式，至少在公司对这种固有的浪费感到厌倦之前一直如此。

　　通常，团队成员会制作一份改善新闻简报，列出活动结束时尚需完成的项目清单。尽管 95% 的改变已经完成，但仍有 5% 的剩余工作可能涉及采购材料、额外的工具时间等，这些往往容易被忽视，因此需要特别关注。对管理层而言，这些剩余项目可能看起来不太重要，但对工作领域的员工来说，它们却是成功实施改善的关键。这些未完成的项目也反映了管理层对变革的真实支持力度，或者说缺乏支持程度。对于那些不愿意做出改变的人来说，这份喋喋不休的未完成事项清单足以成为他们不采纳新的改善方法的借口。

然而，精益的基本概念往往在正式的改善活动结束后会立刻显现出效果。正如大野耐一所指出的，去除一层浪费会使得下一层的浪费更加明显。精益方法背后的许多系统设计都正是为了实现这一目标。事实上，在典型的系统设计中，当存在未解决的问题时，可以通过停止工作来暴露浪费。在改善活动期间，团队的工作旨在消除浪费，比如过量库存和冗余人员等。活动结束后，系统的设计往往会使得之前隐藏在过量库存和冗余人员之下的较小问题浮现出来，通常是通过停止生产线或价值创造流程来实现的。随着流程的深入，系统会逐渐因为越来越小的问题而停滞。精益的核心在于解决根本原因，系统此时正试图向您展示之前未识别的更深层次的问题，以便您可以在根本原因层面上解决它们，并为进一步的改善创造条件。

当组织仍处于"救火"模式时，每次系统停顿都可能被误解为新系统无效。但实际上，这正是系统在发挥作用，努力暴露出更多的浪费。因此，在改善活动结束后的几周内，至关重要的是要在工作区域保留大部分专职的精益资源，以解决系统所暴露出的所有小问题，因为这些问题正在使下一层的浪费变得可见。好消息是，这不仅将揭示出更多的浪费，也为进一步的改进提供了机会。而坏消息是，如果您忽视这些新问题，系统可能会停滞不前，甚至可能出现倒退。

3%准则

通过尝试不同级别的精益支持，我总结出另一条经验法则，即3%准则。为了以 $n/10$ 的改善速度计划、执行，并确保活动后的高质量跟进和问题解决，您需要投入一定比例的专门资源来支持精益之旅。

根据我的经验，那些始终处于应急状态的"救火"型组织很难让员工兼顾改进工作。我曾多次聘请专门从事改善项目的新成员，但最终发现他们不可避免地被卷入日常紧急事务中，而我精心准备的改善资源也被消耗殆尽。因此，我认识到，要确保组织中有一部分资源专注于根本性改善，就必须配备不参与日常紧急事务的全职人员。他们的使命是确保我们的工作实践和流程不断优化，明天会比今天更好。

为了推动组织绩效的提升，全职精益资源发挥着至关重要的作用。为了避免公司在每次改善活动后回到旧有的工作模式，我发现适当的支持人员大约占价值流、工作现场或业务部门员工总数的 3%。这些 3%的员工在活动前做了大量的准备工作，在活动期间通常是团队成员（因为他们将获得最多的活动经验，所以他们是未来精益导师的唯一真正来源），并在活动后协助领域主管进行问题解决和跟进。

实际上，这 3%的全职精益员工中，大约一半的工作是活动后的跟进。活动结束后，系统往往会暴露出长期以来隐藏的问题。领域主管在精益理念和问题解决方面的经验可能有限，并且很可能抱着日常救火的心态。为了平衡这一点，这 3%的精益团队提供了大量的精益问题解决资源，帮助应对不断浮现的隐藏问题。如果在活动结束后的几周内，工作领域缺乏这些熟练的问题解决资源，团队可能会感到力不从心，甚至认为整个改善工作是不成功的。（相信我，在大多数组织刚开始实施精益的头几年，这种缺乏有效跟进的做法几乎注定会导致 100%的失败。）

许多高管认为建立这 3%的团队是一种资源消耗。而我的观点恰恰相反，我希望建立一种资源，确保我们每天都在进步。在我的职业生涯中，我发现这些专门的改善资源是推动财务绩效的关键所在，因此也是我们最宝贵的资产之一。然而，考虑到日常预算的限制，即使是认同这一观点的高管，也很难弄清楚如何建立这种资源。尽管要求很高，但答案其实很简单：您可以通过提高生产率所获得的资源来充实您的专职精益团队。

通常，一个改善周可能会设立 4 个小组，专注于解决价值流分析中识别出的 4 个关键问题。其中，一两个小组可能专注于提高价值流中特定领域的生产率。以 HON 公司为例，在两年的时间里，我们有 49% 的改善活动团队（总共 491 个团队）主要集中于运用标准工作工具。通过这些团队的共同努力，平均生产率提升了 45%。基于这一点，我们能够在活动开始前准确预估可以释放的人力资源。鉴于每次改善活动都能释放出部分人力资源，我们设立了一个标准：通过精益工作每释放 5 名员工，我们就为专职改善团队增加一名全职成员。

这一策略基本上说明了两个核心点。首先，通过持续的改善工作，我们可以不断增强自身的改善资源。其次，我们将节省下来的 20% 的生产率重新投入到加快改善速度的资源中。到精益实施第一年结束时，我们已经能够完全自给自足地支持我们的 3% 专职团队，既不需要额外招聘人员，也不必减少现有工作领域的资源配置。

选拔全职改善团队成员

我们精心挑选组织中最优秀的人才加入我们的全职改善团队，而不是简单地将被释放的人员直接吸纳进来。通过重新部署流程，我们有效地利用这些人力资源，并将其视为所需资源的"投资"。我们投入大量时间和精力促进每位专职团队成员的个人成长和学习，因此我们希望确保每个人都是最优秀和最聪明的人才。在精益的世界里，最优秀和最聪明的定义与日常实践有所不同，它们与丰田的招聘标准不谋而合。我们寻找的人才具备以下特质：

- 能够快速学习新知识。
- 能够识别并解决问题。

- 善于团队合作。

- 善于沟通。

像丰田的许多做法一样，这份清单看似简单，实际上是经过深思熟虑和反复实验的结果。让我们来看看丰田是如何选拔那些能够识别和解决问题的人才的。丰田的经验表明，这是两种截然不同的技能。通过模拟和其他评估方法，丰田能够识别出那些真正能够洞察问题根源的人才。然而，许多人甚至无法意识到问题的存在，即使它们无处不在。显然，如果一个人无法识别出问题，那么具备解决问题的能力就毫无价值。

此外，在制造企业中，高技术水平的员工是全职精益团队不可或缺的宝贵资源。团队中包含工具师、维护人员、制造工程师或工业工程师等角色，对于解决涉及工艺知识、工具设计等方面的问题至关重要。理想情况下，您的团队中应该有 3/4 的成员具备这样的技术背景。

对于 3% 全职精益团队的理想构成，我们还可以从以下三个方面进行考虑：

- **未来的高级管理人员和价值流管理者。** 团队中大约 1/3 的成员应该是那些有潜力成为未来总经理和价值流管理者的人选。他们在全职团队中的工作经历将是管理发展培训计划的一部分，也是培养未来高级领导层的摇篮。他们在这里工作 2～3 年，这足以让他们熟练掌握精益工具，并深信其有效性。

- **未来的精准导师。** 团队中大约 1/3 的成员应该被培养为未来的精益导师。我们期望他们在全职团队中至少工作 5～6 年，这样他们不仅能够掌握精益工具，还能够深刻理解精益的基本原则。通过参与至少 100 次改善活动，他们将成为推动组织持续改善和建立长期精益学习文化的关键力量。

- **主管和中层管理人员。** 团队中剩余的 1/3 成员应该是已经或即将担任主管和中层管理职位的人。他们在全职团队中的任期通常为一到两年。虽然这段时间不足以让他们成为精益专家或完全接受所有精益原则，但他们将提供必要的支持，凭借其丰富的知识帮助建立日常的精益组织实践。

选拔专职精益团队的领导者

3%准则的另一个关键问题是：谁应该领导这个专职的精益团队。答案可能会让您感到意外：理想的领导人选是该工作场所或业务部门的未来继任者。在精益实践中，一个常见的失败模式是：一位总经理"理解"了精益理念并开始着手建立一个精益学习型组织。然而，5 年后，当这位领导者获得晋升，新的继任者接管了职责——这位新领导人可能一直在业务的其他关键领域工作，并未直接参与精益转型的过程。尽管继任者在言辞上支持精益，但他们可能并未真正致力于精益转型。为了避免这种情况，让未来的继任者担任专职精益团队的领导角色，可以使他们更深入地了解精益转型的全过程。尤其在转型的初期，这种做法具有重要的沟通意义。通常，大家都知道谁是继任者（或者至少知道竞争这一角色的人选），如果让这个人负责全职的精益转型工作，就向整个组织传达了一个明确的信号：精益转型至关重要，值得我们所有人的关注。

相反，大多数组织通常会随意指派一个"有空"的人来负责精益工作。但现实是，如果某人真的"有空"，那么他之所以"有空"总是有原因的，而且组织内的每个人都心知肚明。如果您希望从一开始就扼杀自己的努力，那么找一个"有空"的人来领导专职团队无疑是最直接的方式！如果您真心希望获得成功，那么就把您最出色的经理投入到全职精益工作中。

请记住，在开始这段旅程时，您可能没有足够的经验去确信它一定会成功。因此，决定让最优秀的经理全职领导这项工作，虽然只是一次信念的飞跃，但却是至关重要的一步。即使这种做法一开始看起来并不"正确"，但它是一个将在未来几年内不断带来回报的决策。

还要记住，您建立的专职精益团队将是唯一获得重要改善活动经验的人群，这意味着他们将成为组织内部的精益专家。他们积累的丰富精益经验不仅能确保改善工作的连续性和有效性，还将为组织的长期发展奠定坚实的基础。

瓦特隆 3% 的经验

我在瓦特隆董事会任职多年，董事会成员是管理层的顾问，而非直接的运营决策者。这段经历极大地锻炼了我的影响力，而非单纯的指挥能力。

大约 6 年前，瓦特隆启动了精益转型之旅。从一开始就明确了要实现 $n/10$ 的活动速度，我们需要 3% 的全职人员支持才能确保顺利推进。当然，对于任何组织的管理层而言，这个要求在很长一段时间内都被视为"难以接受"，瓦特隆也不例外。正如我的丰田老师常说的那样："知易行难！"但至少，瓦特隆开始了对全职支持水平的衡量与追踪。经过 6 年的持续鼓励和组织学习，瓦特隆终于实现了全公司 3% 的全职支持目标。我向瓦特隆 CEO 史蒂夫·德斯洛格（Steve Desloge，精益团队的倡导者）询问了瓦特隆在实现这一目标过程中的经验教训，他提供了以下按时间顺序整理的概述：

2005 年：全职精益团队占员工总数的 1.4%。直到 2006 年底，我们才开始真正关注全职支持。当时，我们还没有完全意识到维持变革速度和持续改善的重要性。

2006 年：全职精益团队占员工总数的 1.7%。

2007 年：全职精益团队占员工总数的 2.3%。在这一年，我们开始拓宽视野，更全面地思考问题。比如，我们通过努力定义"瓦特隆之道"文化，并开始探索与人才培养的联系。

2008 年：全职精益团队占员工总数的 2.7%。我们终于将建立 3% 的全职精益团队目标作为高层关注的重点。我们在每个工作场所和整个企业层面都将其作为真北指标，并纳入我们的任务控制室操作系统，要求员工为达到目标负责。我们开始清晰地认识到，工作场所中拥有足够的全职改善团队资源，与实现整体改善目标的速度之间有着密切而显著的关系。那些只有 1% 或 2%专职资源的工作场所，在 $n/10$ 的速度和真北指标的改善上明显滞后。而那些拥有 3% 或更多资源的工作场所则开始看到显著的绩效提升。当地领导层逐渐意识到这一点，并履行了对 3%全职支持的承诺。

2009 年：全职精益团队占员工总数的 3.1%。我们终于在 2009 年 5 月实现了 3%的目标。即使在经济衰退期间，我们也依然增加了全职资源。同时，我们也开始看到全职精益团队成员的流动，他们晋升到了组织中的更高职位。随着我们加大力度让所有团队成员参与其中（比如，在问题解决、日常改善等方面），对持续改善资源的支持和培训需求也在不断增加。我们计划至少保持 3%的水平，以继续达到我们期望的改善速度。

史蒂夫的回顾清晰地阐明了，3%的支持水平对转型工作至关重要，它在推动业务成果和人才培养方面发挥了关键作用。学习这一经验的更简便（也更快速）的方法是遵循以下建议：在启动每个新的价值流时提供 3%的全职精益支持，并在启动下一个价值流时保持这一支持水平。

行政团队

致力于改善行政流程的团队与其他改善团队有许多相似之处，但也有其独特之处。相似之处在于，它们都运用了精益改善的通用工具和原则。然而，从事行政流程改善的团队成员对他们的工作有着不同的视角。

首先，让我们看看如何重新组织各地的行政工作。我们批评传统"加工群"模式下的批量制造工序，该模式将相似类型的机器设备集中在不同部门进行操作。这种做法导致我们需要在部门之间搬运零件以完成装配，有时甚至需要在每个增值工序之间设置仓库操作。显然，这是一种效率低下的组织方式，带来了大量浪费。通常情况下，如果将批量生产转变为丰田式的单件流生产（每个价值流经过 5 轮精益改善），我们可以实现显著成效：流程时间和库存减少 90%，缺陷减少 90%，事故率降低 90%，工作量减少 80%。

同样，大多数公司的行政工作也是以类似的低效批量方式组织的。职能部门就像是一个个"加工群"，专门完成本职能专业的工作。然而，当您试图让行政价值流顺畅运行时，您会发现必须面对这些加工群，以及数据在部门间装箱传递的现实。以支付供应商的数据流为例，它从采购订单开始，接着是您在码头接收的采购收据，然后由检验部门批准收据，接着是将所有文件交给会计部门整合；通常还会有一两个返工步骤，最终获得付款批准（通常来自另一个部门），然后才会支付账单。几乎所有步骤都依赖邮寄系统，增加了更多的非增值活动。

精益实践者已经改善了诸如此类的流程，其中一种更为彻底的方法是构建强大的供应链系统，确保在下订单时自动向供应商付款，因为此时您可以确信所有相关操作都会自动完成。事实上，由于每个行政流程都按照批量模式运作，并且存在批量级别的浪费，这意味着这里存在巨大的改善机会。

尽管行政领域充满了改善的机会，但您几乎在行政领域找不到真北指标——事实上，您几乎在行政领域找不到任何绩效指标。相反，行政人员对被衡量的想法抱有极大的抵触情绪。在生产运营中，人们习惯于通过某种指标来衡量自己的工作表现，但在行政领域推行精益活动时，往往很难让团队成员承认他们的进展。他们可能会说自己提高了工作质量，甚至提高了效率，但很少主动提到生产率的提升。换句话说，如果您减少了流程中的一半步骤，缩短了一半的交货时间，减少了一半的错误，那么您自然会期待工作量也减少一半。然而，这些生产率收益往往被行政人员自己隐藏起来。虽然这些生产率收益确实存在（甚至可能比在生产领域更容易实现），但将生产率的概念引入行政领域仍然是一个新鲜的理念，因此您需要在这个领域采取更为严格的改善过程管理。

我在公司中实施了一种做法，即让行政精益团队向财务控制办公室汇报。财务控制人员明白他们的角色不是直接产生结果，而是用数字准确描述结果。这种特点使得行政团队难以报告不一致或不完整的结果。因此，让行政团队向财务或会计部门汇报，有助于您获得更真实的衡量标准和更准确的成果。

我还建议设立专门的行政精益团队，而不是将行政和运营精益团队混为一谈。根据我的经验，每当我从运营部门挑选擅长应用精益工具的优秀团队领导，邀请他们领导行政团队时，他们通常能够取得不错的成效。但问题是，这些领导者往往不愿在行政领域工作，因为那里的人们不习惯于衡量自己的绩效，导致他们更倾向于回到运营部门。因此，我开始建立专门的行政精益团队，他们只在行政领域进行精益活动。这些团队无法逃避行政工作，随着时间的推移，他们会越做越好。精益团队专注于行政工作的另一个好处是，行政团队所需的技能组合与生产团队有所不同。在生产领域，技术技能可能涉及工具制造等，而在行政团队中，有用的技术技能涉及对信息技术（IT）系统的真正了解、如何修改软件以及财务系统的实际运作方式等。他们仍然是技术导向的，但这是"办公技术"方面的专长。

最近，我在 HON 公司的财务总监鲍勃·海斯（Bob Hayes）发来的一封电子邮件中发现了一段内容。这是一封 1998 年关于他领导的一次行政改善活动的电子邮件：

本周我们对主机报告进行了改进。通过柏拉图分析，我们识别出使用率最高的用户是销售部门（包括几份营销报告）和会计部门。通过审查每份报告及其用户列表，并通过连续提问五次"为什么"，我们成功地将这两组用户每年生成的报告数量从 1 920 份减少到 1 236 份，减少了 36%，同时将每年的打印页数从 1 305 860 页减少到 864 000 页，减少了 34%。特别值得一提的是，我们的关键 IT 人员之一汤姆·索伦森（Tom Sorenson）在整个活动中始终在场，他的即时支持帮助我们消除了一些不必要的报告！

在大多数制造企业中，至少有一半的员工从事非生产性工作，而且他们的薪酬通常高于生产工人。因此，您会发现 2/3 的雇佣成本和潜在的生产率提升机会都集中在行政流程上。这表明，如果不彻底实施行政精益工作，企业就无法实现真正的精益转型——永远不可能！

当审视 HON/HNI 公司行政团队的成果时，我们惊喜地发现他们的流程/价值流的周期时间平均缩短了 33%，步骤数量减少了 46%，生产率提高了 85%。这种改善成果是非常显著且令人鼓舞的！

重新部署

重新部署是精益实践中一个颇具挑战性的领域，它颠覆了许多传统的人力资源管理理念。通常情况下，当企业引进新的 IT 系统或先进的机器设备，导致人员需求减少时，您会如何决定谁应该被重新部署呢？传统的做法往往是优化团队，即选择表现最差的员工进行调岗。实际上，有些经理甚至会给表现不佳的员工一个好评，暗自期望其他部门能够接手这个"烫手山芋"。这种做法基于一种逻辑：既然可以用更少的人力资源完成相同的工作，那么淘汰表现不佳的员工似乎是必然选择。

然而，这种做法忽视了团队士气和员工情感的复杂性。团队成员虽然知道某位员工表现不佳，但他们已经共事多年，甚至互相认识家人，因此不忍心看到对方被"淘汰"。对于表现不佳的员工来说，他们同样面临痛苦：知道自己在团队中表现最差，并且害怕被解雇。因此，团队士气受损，内部弥漫着消极情绪。

在丰田，他们采取了一种截然不同的方法。面对类似情况时，丰田选择将表现最优秀的员工重新部署到新的岗位，而不是将表现不佳的人调离。丰田之所以采取这种做法，是因为通过持续的流程改进，丰田不仅解决了质量问题，还使得工作更加标准化和易于执行，从而减少了对高技能员工的依赖。因此，当不再需要同样水平的技能时，丰田便将那些表现出色的员工调配到新的领域，这些员工通常会将这种岗位调整视为新的挑战和机遇。这一策略不仅提升了团队士气，还促进了跨部门的积极合作。优秀员工的流动被视为组织的宝贵财富，新部门也热切期待这些优秀员工的到来，这使得重新部署过程变得顺畅无阻。即使没有合适的岗位空缺，这些员工也可以作为全职改善团队的临时成员，为组织贡献自己的力量。一旦有合适的职位空缺，他们凭借已经精进的精益技能和对新团队的热情，能够迅速融入并在新岗位上取得更出色的成绩。尽管这一做法看似合情合理，但却与传统做法完全相反，这正是我的丰田老师所说的"知易行难"的生动例证。

总的来说，重新部署是组织精益转型的关键环节，它要求组织学习和掌握衡量和提升人效的新技能，就像对待生产率提升一样。然而，与衡量和提升生产率相似，实施重新部署的方法同样鲜为人知。许多人可能从未有过这样的经验：在某个领域工作一周后，成功地优化流程并释放出三四名员工。

在改善团队行动中执行重新部署流程是一种高效的做法。通常在改善周中期，团队就能够准确预测出可以释放的人员数量。因此，在周三下午，人力资源部应该召集各团队负责人开会，讨论他们对于即将释放员工的期望，并评估工作区域内表现最出色的员工。选择这个时机进行讨论是非常合适的，因为此时主管们还没有最终决定员工的去留，而他们通常不愿放手那些最优秀的团队成员。此时，人力资源部必须进行严格的审查，确保所选的人员确实是最佳员工。到了周四，人力资源部可以深入研究这些最佳员工的职业背景，探索是否有适合他们的岗位机会，无论是填补现有的空缺还是预备接替即将退休的职位。一旦确定了合适的职位，这些员工就可以在周五收到重新部署的通知。如果暂时没有合适的职位，人力资源部可以为他们提供专项培训，或者将他们暂时纳入全职改善团队作为"临时"成员，直至适合的职位出现。这样的过渡角色不仅能为改善项目带来显著成效，还能提升个人技能，使他们更受潜在招聘经理的青睐。

如果在改善活动结束后没有及时将多余人员重新部署，很可能会导致工作团队恢复到以前低效的工作方式。毕竟，总有人可能会因为多年来已经形成的习惯而回到以前的做法。这也再次强调了坚实有效的重新部署流程对于精益转型成功的重要性。

其他精益培训

在第 4 章中，您已经了解到自主研小组（Jishuken）在实现成果、深化精益学习和建立强大文化方面的核心作用。然而，在精益学习领域，传统培训方法同样发挥着不可或缺的作用。我们主要关注以下三个关键群体：

- **所有员工**。为所有员工提供精益原则和概念的基础培训至关重要。这种培训可以持续一天，也可以分散在数周或数月内，以适应不同员工的学习进度和需求。培训形式可以是传统的课堂式教学，由精益团队成员主讲，也可以通过互动式的模拟练习，帮助员工更好地理解流动与批量生产的概念。另外，创建学习地图也是一种有效的方式。在 HON/HNI，我们与 Root Learning Inc. 合作，设计了富有创意的学习地图，旨在教授精益的基本原则、基本的财务知识和行业动态等内容，以支持精益变革的需求。学习地图是一种定制的游戏板，将学习过程变为一场寓教于乐的有趣体验。

- **专职精益团队。**这个团队需要深入理解自己新角色的职责和即将承担的工作。这种培训通常由外部的精益导师提供，他们负责向组织传授最新的精益知识。
- **高层领导。**高层领导需要更深入地理解精益理念。实现这一目标的方法多种多样。一种行之有效的方法是定期审阅精益相关书籍，并在高管团队的月度或每周会议上讨论其中的内容。另一种方法是与外部精益导师一起举办精益领导力研讨会。但请牢记，最深刻的洞察和学习源自于亲身参与改善活动的经验——学习如何识别并消除浪费。

本章总结

经验表明，要长期保持显著的改善成果，必须采取以下措施：

- 建立一个常规的流程改进节奏，让尚未融入改善文化的员工感受到挑战性。
- 建立一支由最优秀的人才组成的专门支持团队，他们将帮助维持高水平的改善活动，并成为您未来的导师。
- 在组建每个改善团队并设定目标时，要深思熟虑。
- 特别关注如何组织行政领域的精益工作。
- 建立强有力的重新部署流程，确保精益工作得到必要的人力资源支持，同时提高生产力，推动业务成果的持续改善。

第 **6** 章

战略性组织实践

治理是精益管理的核心议题。尽管某些精益的概念和工具易于理解，但要在实践中取得真正的成功，组织中的大多数人必须改变他们对工作的传统认知。然而，这种思维转变并非易事，因为它挑战了我们在职业生涯中逐步形成的固有思维模式和工作方式。成功实施精益管理所需的最根本转变，就是从全新的角度看待工作，并重新思考如何组织工作。迄今为止，大多数开始进行精益转型的组织都未能成功实现这一转变。

理解治理的含义

治理关乎组织的领导者以及他们的行动。历史记录显示，传统的企业治理实践在应对精益转型的挑战时往往力不从心。即便是如今由第四代领导者管理，并不断践行自创业务系统的丰田，也未能提供一个特别有效的标杆。丰田无疑是众多企业追求的理想状态，但仅仅模仿其现有做法，并不能保证您的组织能够顺利完成转型。如今的丰田领导层与成功转型所需的变革管理实践已渐行渐远。尽管丰田在维持其企业文化方面表现出色，但在展示如何帮助外部企业成功建立可持续精益学习文化方面，却缺乏足够的新例证。

如果您在丰田之外寻找精益转型的成功案例，就会发现那些能够通过财务指标证明其精益实践持续为客户创造价值的组织实在是屈指可数。虽然许多企业在短期内实现了收益增长，但能够长期保持这一成果的企业却寥寥无几，更不用说在并购或创建的新公司中实现这一目标了。在这方面，丹纳赫公司无疑是最接近这一标准的典范。自 1987 年开始推行精益管理以来，丹纳赫的盈利复合增长率始终保持在大约 20% 的高水平。更值得称赞的是，该公司每年都会收购新的非精益企业，并成功地引导它们走上精益之路。丹纳赫仍在不断学习和塑造自己的企业文化，其中一些实践无疑值得我们深入研究与借鉴。

沉浸计划

精益学习是一种将新概念和新工具应用于工作场所的实践学习。成功的组织已经开发出一套方法，不仅为领导者提供新知识，更重要的是改变他们的工作观念。高级领导者无须成为精益工具的专家，也不必对所有精益工具熟练掌握。真正的关键在于，领导者们必须通过足够的实践经验，能够在日常工作中识别浪费。一旦能够发现精益中的七大浪费，他们就会自然而言地产生动力去解决和减少这些浪费。因此，对于领导者来说，学会识别浪费是至关重要的。

在 HON/HNI 公司，无论是内部晋升还是外部招聘的新经理，都必须在上任的第一年参加四次为期一周的改善活动。领导者首先参与的是生产区域的标准工作活动，因为与其他流程相比，生产流程中的浪费通常更容易被发现。对于首次近距离参与这项活动的人来说，他们往往会对所研究区域中存在的大量浪费感到震惊。而在同一周内消除一半的浪费，这种迅速的改善往往令他们大开眼界。

第二个改善周是价值流分析，领导者开始从质量、时间消耗和生产率的高度全面审视浪费——就像是从两万英尺的高空俯瞰一样。接下来的第三个改善周是行政标准化工作，旨在帮助领导者亲眼见证纯粹行政流程中的浪费。第四个改善周是 3P 工具活动（生产准备流程，见附录 A），专注于新产品和流程设计，并确保流程和产品开发与精益实践保持一致。因此，HON/HNI 公司要求新经理以四周的沉浸式改善活动体验作为他们精益旅程的起点。

在此基础上，HON/HNI 进一步要求每位经理此后每年都要额外获得整整三周的活动经验。为了激励他们更积极地参与，这一要求已被纳入当年的奖金计划考核标准。

在丹纳赫，新领导人的沉浸式培训是一个为期 13 周的正式流程。其中，大约 2/3 的时间花在参与不同业务部门的改善活动，剩余的时间用于学习精益治理、参观各地优秀的精益运营和管理实践、参加战略部署会议，以及进行为期一周的丹纳赫商业系统（DBS）领导力培训。沉浸式培训由个人导师（丹纳赫资深经理，具备深厚的 DBS 知识和承诺）指导，导师为新经理制订具体计划，并在 13 周的沉浸过程中提供持续辅导。

要实现领导者的转变，仅仅依靠一周的时间或者课堂培训是远远不够的。相反，我们需要将计划的制订作为治理的首要步骤，让高级领导者全身心地沉浸在精益的工作方式中。只有通过这种方式，我们才能走向成功。实际上，这需要付出比我们想象中更多的努力。（可以参考附录 E 中红河陆军仓库的领导力沉浸历程，以获得更多启示。）

指导联盟

在约翰·科特（John Kotter）关于变革管理的著作中，他强调为了引导CEO 推动精益变革，建立一个指导联盟至关重要。这个指导联盟由高级管理团队构成，负责领导整个企业的转型。在实施过程中，有几个关键问题需要特别注意：

- 要实现文化变革，需要不止一位高级管理者致力于将新文化融入组织。
- 精益之路并非一目了然，因此多位高级领导者的意见将有助于中途修正。
- 任何置身事外的关键人物都可能成为变革的阻力。

随着精益流程的扩展，指导联盟的首要任务是建立沉浸式体验，这不仅有助于他们自身的学习和成长，还能培养其他领导者。

在这个阶段组织通常会实施转型价值流分析（Transformation Value Stream Analysis，简称 TVSA，见附录 A）。TVSA 的目标是审视组织的基本业务战略，了解关键价值流（最高级别）如何满足关键利益相关者的需求并实现战略目标，评估精益在加速和深化战略影响方面的潜力，然后开始制订转型计划。TVSA 还包括确定如何跟踪和衡量真北指标，以及这些指标与财务绩效的关联。接下来，需要选定最初的改进重点。这个领域应该是对公司具有重要意义的价值流，最好是那些随着交付周期、质量等方面的改善而具有增长潜力的领域。但最关键的是，这个领域必须有优秀的本地领导者，他们愿意付出额外的个人努力去尝试新的精益方法，并在常常充满困惑和挑战的精益转型过程中，带领团队不断前行。我建议，在选择第一个重点关注的价值流时，领导力的质量是最重要的衡量标准。卓越的领导者能将平凡的计划变为成功，而糟糕的领导者则可能让最优秀的计划走向失败。

在启动这一过程时，有几项原则需要牢记。首先，选择关键价值流时要考虑领导力的质量及其影响力。其次，确保有足够的改善资源。关键在于采取以下三个步骤：

- 聘请一位精益导师，向您的组织传授精益工具和概念，同时在领导力发展方面为团队提供指导。

- 在所选价值流中投入总人数的 3%，专门用于支持该价值流的持续改善（详见第 5 章）。初始阶段，专门从事改善工作的人数可能较少，但随着每个新价值流的启动，人数会逐步增加。一旦第一个价值流开始运行，它所产生的改善成果将足以支付启动下一个价值流的成本。因此，您只需在启动初始价值流时投入必要的人力资源，后续资源将通过生产力的提升和初始价值流的资源重新部署来支持。

- 以适当的速度启动改善活动，既能获得足够的收益以产生影响，又能快速积累经验（精益学习）以培养未来的导师，还能让所有成员通过亲身实践，学会识别和消除浪费，并展现建立新文化的长期潜力。

经验表明，这种速度与组织的规模有关，因此遵循 $n/10$ 规则（见第 5 章）是合理的。通常情况下，至少每月进行一次改善周是至关重要的。如果活动频率过低将导致失去动力，从而影响绩效、学习和文化建设的成果。

此外，还需牢记 5 次规则（详见第 4 章）。在完成初始价值流的第一次改善后，应保留 3% 的专用资源，并开始下一次改善。同时，利用部分节省/释放的资源来支持建立另一个价值流的改善组织。当然，您需要向自己和公司证明，五次改善不仅是真实有效的，而且通常会在第四次或第五次时取得最显著的成果。这些成果可能与日常经验不同，除非能够通过实际案例向组织证明这一点，否则难以令人信服。然而，通过多次精益改善，您可以将某个价值流转变为示范价值流，向所有人展示显著成果，这将有助于精益文化的深入人心，确保改善工作的持续和传承。

许多企业在推动精益转型时设立了专职的精益团队，但这些团队往往陷入行政管理事务，失去了从实践中学习的机会。这种做法是不可取的。为了深入理解浪费及其消除方法，负责改善工作的全职人员必须每月积累改善活动的经验。因此，大部分专职精益资源应投入到各个价值流中，专注于持续实现其价值流的真北改善目标。

您可能需要设立一个转型任务控制室，作为指导联盟定期召开会议的场所（有关瓦特隆公司任务控制室的详细信息，请参见附录 C）。转型任务控制室应存放以下关键资料的打印版：转型价值流分析（TVSA）、转型守护计划（转型过程中关键步骤的概要）、主要领导者的个人沉浸/发展计划、战略部署计划、初始价值流分析和计划、真北指标绩效图表等。所有这些资料都应直观地展示在任务控制室的墙上，便于随时查阅和讨论。

沟通

在推动组织变革时，沟通的重要性不可忽视。有效的沟通策略可以参考销售演示的研究数据，数据显示，人们在演示三天后只能记住大约 11% 的信息。因此，如果您认为自己的信息至关重要，那么重复传达 10 次左右是必要的。我们常常会认为："我已经告诉过他们了！"但实际上，我们应该问自己："他们只记住了 11%，那么如何传达剩下的 89% 的信息？"

最佳的沟通方式是反复包装信息，并通过多种渠道进行传播。可以充分利用公司的新闻通信、视频信息以及其他一切可能的媒介来传达核心信息，内容包括：

- 我们为什么需要变革（关键的竞争或客户驱动因素是什么）？
- 我们为什么选择这条道路？
- 这条道路将如何运作？
- 每个人在这次转型中的角色是什么？

此外，您还可以尝试一些创新的沟通方式，后续章节将对这些方法进行更深入的探讨。

精益模拟

如图 6-1 所示，大约 99% 的精益教育来自于实践经验，但那仅占 1% 的传统教育方法同样不可忽视。整个组织都需要了解精益的基本概念。首先，精益的基础介绍是必不可少的。此外，带领小组成员进行精益模拟也是一个有效的方法，它通过模拟工作区来演示从批量生产到流动生产的转变过程。

精益模拟通常需要 4 个小时。如果模拟得当，它能够直观地向参与者传授精益的关键原则，比如流动、拉动、价值流等，这种体验式学习的效果是单纯语言表达无法比拟的。优秀的模拟能够帮助参与者清晰地识别出批量生产中存在的浪费，并展示改善质量、缩短交货时间和提高生产率的潜力。当看到参与者在模拟结束后恍然大悟的时刻，那种感觉令人备感欣慰。

图 6-1　正在进行精益模拟的团队

战略部署

作为精益战略组织流程的一部分，"方针管理"（也称"方针规划""政策管理"或"政策部署"），是推动组织持续改善的关键步骤（Simpler 咨询公司采用的是"战略部署"这一术语，详见附录 A）。战略部署的核心是审视下一年度的关键战略举措，探索精益改善如何加速和促进这些举措的实施，并设定与战略方向一致的真北目标。接下来，规划全年的改善速度和模式，并建立月度评审流程以确保目标的实现。

大多数月度评审会议或月度运营会议通常聚焦于财务指标和预算展望。战略部署会做类似的事情，但重点是改善——确保我们明天的业绩永远比今天更好。

通过战略部署，组织每年都会设定一系列改善目标，旨在推进既定的战略举措。这些改善目标随后被细化到组织的各个层级，并在增值层面制订具体的改善工作计划以实现这些目标。关键问题包括：

- 要实现今年的目标，我们需要改善哪些价值流？
- 要实现这一目标，我们需要开展多少次改善活动？
- 这些活动的重点是什么？
- 谁来支持这些活动？

这一年度计划不会具体列出 6 个月后的改善工作内容，但会帮助推动价值流改善的人员明确他们需要保持的改进节奏，从而实现整体目标。

年度改善计划制定后，月度跟进会议将评估进展并分享经验。通常情况下，每个价值流团队将回顾上个月的成果，快速审视改善速度，评估团队在人才培养、质量、交付周期和生产率方面是否达到了预定目标。这些回顾约占会议时间的 10%。会议的重点不在于深入讨论结果数字，而是探讨推动这些数字变化的关键因素。

在简要回顾"上个月我们是否实现了改善目标"之后，价值流团队将回顾过去一个月实施的主要改善活动和从中获得的重要经验教训。如果某个目标未能达成，团队将采取额外的精益活动以弥补差距。随后，团队将审查下个月计划开展的关键活动，并评估这些活动是否足以实现本月的改善目标。

这种对话为整个组织提供了宝贵的学习机会。团队之间可以共享经验，管理层可以帮助识别和确定必要的纠正措施，以便在未能实现改善目标时可以重回正轨。会议的目的是深入了解哪些措施有效，讨论必要的纠正措施，而不是单纯地审查数字。我们关注的是实际行动：我们上个月做到了吗？如果没有，我们该如何调整？我们从中学到了什么？本月我们能否实现目标？如果能，我们将如何实现？如果不能，团队中的其他成员是否有加快改善速度的建议？

在初期的会议中，为了确保每个价值流评审都能高效进行，您可能需要使用计时器来分配时间。虽然世界级的标准是每个评审仅需 5 分钟，但我最好的成绩是每个评审 15 分钟。由于人们往往容易陷入漫无边际地讨论，而非聚焦关键问题，因此使用计时器并明确时间限制，能够有效地引导讨论回归正轨。随着时间的推移，您会发现每年的会议效率都在逐步提升，经过三四年的优化，您将建立起更加成熟的流程。

在刚开始实施战略部署时，过程可能显得有些笨拙。但您很快会发现，在每次月度会议召开前的一周，团队会进行大量的改善活动，这表明即便您仍然处于"救火"文化中，至少团队的一部分时间已经开始专注于持续改善。这样的转变本身就是战略部署过程中的一项重要成果。

需要牢记的关键事项包括：使用真北指标推动与战略计划目标直接相关的改善工作；通过分享改善经验，将战略部署会议的 80% 以上的时间用于关注学习体验，而对数字的关注时间则不超过 20%。

为了更好地理解战略部署评审，我们可以回顾一个经典案例。尽管这个案例已有 20 年历史，可能不再反映当前的业务战略，但它依然展示了即使在简单的评审过程中，也能取得显著的改善成果。图 6-2 展示了杰克制动公司在

1990 年使用的战略部署概览图。该图清晰地向公司全体成员展示了各个要素如何协同配合，以回答公司关于存在意义、成功路径和实施方式的关键问题。图 6-3 是另一份内部沟通文件，阐明了 1990 年的总体改善目标如何逐级传递到组织内的增值工作层面，并展示了总裁及其团队如何每月评审这些价值流层面的改善计划。

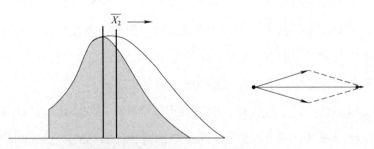

图 6-2　战略部署概览图

图 6-3　1990 年改善目标的内部沟通文件

"抗体"

丰田的精益管理大师大野耐一曾经形象地比喻，每个组织都像人体一样拥有自身的"抗体"。当面对变革或"感染"试图入侵时，这些"抗体"会采取两种反应：他们不仅会强烈排斥新事物，还会繁殖更多的"抗体"。他们会吸引更多的人加入他们的阵营，这是一种自然的防御机制。实际上，企业文化越强大，"抗体"就越强大，"抗体"的存在是为了保护现有的企业文化。

您可能已经注意到，在刚加入一个新组织时，往往没有关于企业文化的明确描述。然而，随着时间的推移，您会逐渐领悟到那些不言而喻的"规则"。而那些塑造和维护企业文化的人，正是组织的"抗体"。他们往往是组织中备受尊敬的资深成员。

当然，当组织需要变革时，问题就会接踵而至。在重大变革时期，这些"抗体"——通常是组织中最受尊敬和经验丰富的成员——往往会成为试图阻碍改善和变革的力量。当这些"抗体"出现时，领导层需要全力以赴，及时应对这些挑战。

每个组织都存在"抗体"，他们会自动抵制像精益转型这样的根本性变革。这些"抗体"出于保护组织过去成功模式的良好初衷而行动。因为从他们的角度看，组织的历史性成功是基于某种方式做事，改变现有的做事方式，可能带来一切未知的风险。组织越成功，"抗体"就越强大，推动新方向的任务就越艰巨。

丰田有时将这种"抗体"现象比作正态分布曲线，曲线两端分别代表"抗体"（阻力区）和变革推动者（动力区）。变革推动者是那些少数关键领导者，他们致力于推动组织朝着新方向前进。支持这些变革推动者固然重要，但这只是解决方案的一半。当您支持变革推动者并开始新征程时，往往会发生一些有趣的现象。

首先，"抗体"会变得更加活跃，甚至可能在非正式场合（比如咖啡休息时间）中抵制新方向，并试图说服更多成员加入他们的阵营。如果您只支持变革推动者，最终可能会导致混乱，因为处于中间的大多数成员会听到两种相反的声音，而这两种声音都来自组织中备受尊敬的成员。这是领导者展现领导力的关键时刻。领导者需要明确传达以下信息：组织将坚定不移地继续这条变革之路；每个成员都应为支持这一变革承担责任；那些不愿或无法适应变革的人，应该考虑寻找更适合他们的组织。

您越早识别并解决每一个真正的"抗体"，最终需要面对的挑战就会越少。随着时间的推移，通过亲身体验，大多数重要的"抗体"很可能会接受变革，但您必须尽早解决最初的几个"抗体"，这样他们就不会"繁殖"。如果"抗体"迅速增加，您可能没有足够的时间去转化他们，因此尽早采取行动至关重要。

需要注意的是，刚开始变革时，每个人都会面临全新的开始，任何有思想的人都会对变革的方向提出质疑。这可能会让每个人看起来都像是"抗体"。然而，真正的"抗体"不仅拒绝所有答案，也不愿参与变革。您很快就能区分出这些"抗体"和那些真正关心公司新方向的质疑者。

推动精益，年复一年

一个精心策划、积极推动的精益转型将在大约 4 年的时间里，按照常规的文化变革步伐稳步推进。

第一年

对于整个组织而言，精益可能是一个全新的概念，刚开始时需要时间去理解和消化。到第一年结束时，一些具体的活动和目标价值流的改进会让您印象深刻。虽然个别成果看起来很有潜力，但企业财务指标的变化可能不会达到您的预期，整体进展也可能比您希望的更为缓慢。

在第一年，您会经历许多"前进两步，后退一步"的情况。这是实践学习的自然结果，因为改善团队对精益理念和工具完全陌生，在应用如单件流等概念时可能会犯错。此外，由于大多数公司存在的"救火"文化和不良的跟进习惯，许多改善措施未能得到有效的维持。因此，第一年结束时，大多数成员可能仍然对新方法感到困惑，或对变革的速度和程度感到不满。与大多数企业举措不同，精益转型不会在年终宣布成功，而是需要持续不断的努力。

值得注意的是，第一年结束时，只有不到 20% 的组织成员在自己的领域内真正参与过精益工作。因此，大多数人仍然是旁观者，可能不会给予充分的支持。

第二年

第二年通常是遭遇重大阻力的一年。那些看到精益工作延续到第二年（过去大多数项目都在第一年结束）的"抗体"会重新振作起来，试图在精益工作真正影响到组织之前将其扼杀在摇篮里。然而，您的变革推动者仍然缺乏经验，每当他们在尝试应用新原则时犯错，剩余的"抗体"就会抓住这些错误进行批评。

到第二年结束时，您可能已经影响了组织 30%～40% 的价值流，但大多数成员仍然没有直接参与精益实践。即使在第二年取得了一定进展，通过成员调查，您可能仍会发现有些人认为："精益的成效还没有定论。"

第三年

第三年是巩固成果的一年。此时，经理和全职精益资源已经积累了丰富的经验。个别活动的影响越来越稳定，更多地呈现出"进两步，不退步"的趋势。到第三年结束时，质量、交货期和生产率/成本方面的累积成果将充分证明转型的成功。此外，成员调查可能会反映出这样的观点："我们正在取得巨大进展，但我不知道什么时候才能完成。"

第四年

第四年的特点是"变革"逐渐成为新常态。到第四年年底，持续改善和变革的过程正在制度化，组织内正在形成显著的积极势头。

尽管精益工作可能尚未完全覆盖组织中约 20%的成员，但一种新的文化正在形成——一个真正的学习型组织，致力于永无止境的改善。第四年的成员调查结果再次发生变化；成员们不再质疑这个过程何时结束，而是开始希望它能够持续下去，永无止境。

大多数领导者认为，他们能够在一年内实现第四年的成果。然而，我从未见过有人能够做到这一点，即使是在最成功的精益转型中也是如此。因此，认识到前进的道路不止一年那么容易是非常重要的。如果您走在正确的道路上，您将看到积极的成果，组织会不断积累新技能，并逐步建立起新的文化准则。然而，要使精益真正成为一种新的工作方式，通常需要大约四年的时间。毕竟，您不能指望在短短几年内就建立起一种新的文化！

本章总结

所有这些最终汇聚成了一种全新的企业经营方式——换句话说，您正在建立一个独特的管理系统，类似于丰田生产方式或丹纳赫商业系统。虽然可以借鉴其他公司的成功经验，但您必须自己建立这个系统，这无疑需要投入大量的时间和精力。

　　大多数企业领导者都接受过管理培训，学到了授权的重要性，也拥有工商管理硕士这样的学位，专注于管理。然而，大多数人并没有学会如何领导，即如何引领组织走向新的方向。这意味着，当我们真正要进行组织转型时，传统的管理模式并不完全适用。相反，我们需要的是真正的领导力——愿意承认自己并不掌握所有答案，愿意深入现场了解实际情况，愿意承认自己需要不断学习新知识、培养新技能，才能实现成功。大多数高级领导者认为他人期望他们知道所有答案，但在精益管理中，成功的关键在于发现问题并愿意坚持不懈地追求答案。

第 7 章

打造精益文化

　　现在，让我们讨论一下最具挑战性的部分——精益文化。在我研究精益转型的 30 年里，我的学习经历与大多数人并无二致。多年来，我一直专注于掌握各种精益工具，比如如何缩短设定时间、如何应用标准工作，以及如何进行价值流分析等。这是一个永无止境的过程，每当我以为自己已经充分理解某些工具时，总会有新的见解或之前未曾接触过的工具出现。因此，我长时间沉浸在精益工具的探索中。

　　在运用精益工具取得成果的过程中，我不断积累经验，逐渐总结出一套行之有效的方法，这些可以视为精益的最佳实践。然而，对我来说，提炼精益实践的过程既无章可循又需要循序渐进，在找到可行且高效的方法之前，我经历了无数次的尝试与失败。

　　通过不断学习和创新精益工具和实践，我对精益核心原则的信念愈发坚定。这些原则，比如流动、拉动、关注价值等，虽然看似简单易懂，但真正付诸实践却并不容易。我对这些核心原则的信念并非一蹴而就，而是在不断的学习和实践中逐渐建立起来的。回顾过去，我仍然清晰地记得开始深入理解并接受每一个精益核心原则的关键时刻。

　　我逐渐意识到，精益只有在成为一种长期的组织实践，并转化为企业新的经营方式，甚至成为新的公司文化时，才能真正发挥其价值。作为一名运营经理，我最初并未充分意识到文化因素的重要性。但随着时间的推移，我逐渐认识到，如果没有持续的努力和动力，我所学到的一切都会变得毫无意义。最终，我将研究重点转向了支撑精益转型的文化，并将其作为过去十多年来工作的核心。

定义文化

让我们重新审视一下"文化"这个词。组织文化由领导者的行为或习惯所定义，换句话说，文化是由领导者的行为和决策所塑造的。"他们的所作所为"对公司的成功至关重要。当这些行为汇聚在一起时，您会看到一种新文化的轮廓逐渐显现。

我的研究之旅始于观察那些与西方传统做法截然不同的个人领导力实践。起初，我并未意识到这些做法实际上是更广泛体系的一部分，但它们确实如此。

其中一个例子是选拔流程。在我曾经工作过的公司，我们曾戏谑地评论选拔流程："只需拿起一面镜子对准应聘者的嘴巴，如果其呼吸使镜面起雾，就可以录用了！"虽然这只是笑谈，但其中不乏真实的成分。我们寻找的不仅仅是一个活生生的人，更是具备内在素质的优秀人才。

因此，作为对标调研的一部分，我决定深入了解丰田公司的选拔流程。在为期一周的流程中，求职者需要经历十几个关键步骤，包括传统的招聘环节、模拟工作场所的问题解决、模拟实际工作产出、接受评估小组的面试和评分等。整个流程看起来相当复杂，所需的工作量是我们常规流程的 100 倍。那么，丰田公司通过这样严格而精细的流程究竟在寻找什么呢？其实，他们的目标非常明确，就是筛选出具备四项关键素质的优秀人才：

- 喜欢学习新事物。

- 能够识别问题并解决问题（请注意，这是两种不同的技能）。
- 善于团队合作。
- 善于沟通。

我对丰田的选拔流程深感震撼，它的简洁与评估过程中的详尽程度形成了鲜明的对比。这正是"丰田方式"的经典体现，与传统的领导力行为模式大相径庭。在传统的领导力模型中，我们常常列出一长串理想特质，却缺乏相应的流程来确保我们能够识别并选出具备这些特质的人才。许多公司的管理者倾向于寻找具备相关经验的候选人，认为这是确保胜任的捷径。然而，丰田更倾向于挑选那些没有相关工作经验的新人，因为他们相信新人没有固有的坏习惯，更容易接受新理念和新方法。丰田公司寻找的不是身体最强壮、反应最迅速或头脑最聪明的人，而是那些能够与团队共同努力、持续改进工作的人。我曾听一位丰田员工这样描述他们的选拔体系，这让我对丰田的人才观有了更深刻的理解："许多公司会雇佣最聪明的人，然而，如果他们无法在完整的流程中工作，往往只能取得一般的业绩。而我们选择那些专注于持续改进流程的普通员工，最终创造出卓越的业绩。"那么，您认为哪种方式更有可能获胜呢？

在推动组织采纳这一全新且详尽的选拔流程时，我发现将其与典型的资本采购过程进行对比有助于大家理解为什么需要投入如此大量的时间和精力。在大多数组织中，当我们计划采购价值一百万美元的设备时，首先会由技术小组进行深入研究，然后由管理层审核该研究，再由财务人员进行分析，最后经过层层审批，每个管理层级都要进行审核和签字，最终由集团总裁或首席执行官批准。对于一项价值一百万美元的资本投资，我们需要进行数百小时的评估。然而，当我们雇用某人时，我们往往期望他在公司度过整个职业生涯。在这段职业生涯中，我们可能会为此人支付超过一百万美元的薪酬，但我们却很少花时间提升这一决策的质量。

您能看到这种思维方式与文化的根本差异吗？（见图 7-1）

图 7-1　赴丰田学习领导力和文化

精益之道与丰田文化的基石

我发现理解丰田的企业文化并不容易，可能是因为我从未在丰田内部工作过的缘故。尽管如此，我注意到人们似乎能够自然而然地融入丰田文化，即便是那些曾在完全不同文化背景下工作的人，加入丰田后也常常没有意识到自己与他人的互动方式悄然发生了变化。

通常，只有那些曾在美国公司工作过，并在丰田工作了至少 10 年后选择离开的人，才能真正体会到在丰田工作与其他地方的差异。通过与这些人的深入交流以及研究外部可获取的有关丰田行为和文化的所有信息，我整理出了一份观察清单。我知道这份清单并不完全，因为每隔一段时间，我总会发现一些新的行为、习惯或领导力实践，这些都是与常规做法截然不同的丰田工作方式。

接下来，让我们一起看看这份迄今为止的精益核心价值观和领导力行为清单。

顾客至上，至诚服务

许多企业声称致力于提供卓越的顾客服务，但现实往往事与愿违，大部分公司都无法始终如一地兑现承诺。然而，在丰田，这一宗旨不仅是所有原则的出发点，更是企业的首要责任。丰田在做出任何决策时，首先会考虑顾客的需求，并深入倾听顾客的声音。尽管丰田追求盈利，但他们深知成功的关键在于确保顾客满意。因此，丰田的目标是尽可能提高顾客满意度，同时最大限度地减少为满足顾客需求所产生的浪费或成本。他们认为，利润来自于通过最小浪费为顾客提供服务后的剩余部分。因此，丰田始终把顾客放在改进的核心致力于通过优化流程和提升产品价值，不断改善顾客体验，以追求最佳的顾客满意度。虽然这种以顾客为中心的理念看似简单，但要在每个决策中都将顾客放在首位，对每一位员工来说都是一项艰巨的任务。领导层需要以身作则，帮助员工理解并践行这一承诺。

义无反顾地做正确的事

在丰田，诚信被视为企业的核心价值观之一。公司深知，如果内部信息不可信，就无法为顾客提供最优价值。同时，真正的勇气也至关重要。在HON/HNI 公司，我们将这种勇气称为"主动诚实"。我们坚信，真正的诚信不仅仅是"不撒谎"，更是勇于说出真相，哪怕可能带来负面后果。换句话说，这是一种勇敢的正直。在丰田，"坏消息优先"的做法体现了这一理念，即在表扬之前，首先关注改善的机会。

稳健决策，迅速执行

让我们来看一个鲜明的对比。在非精益企业中，面对问题时常常急于寻求解决方案，却忽视了对问题根本原因的深入剖析。这种做法往往治标不治本，就像创可贴一样，企业不得不一次又一次地面对相同的问题，始终无法彻底解决困境。

与此不同，丰田深知在寻求解决方案之前了解问题的根源至关重要。这可以理解为在工作小组中通过连续问五次"为什么"，深入挖掘工作场所中每个问题的根本原因。只有找出并解决了根本问题，表面问题才不会再次出现。这种思维方式使得"普通员工能够建立卓越的流程并取得杰出的成果"。另一个体现"稳健决策，迅速执行"理念的例子是使用 A3 问题解决流程。这个可视化工具通过在 A3 纸上规划问题的解决方案和行动计划，通常包括九个方框或步骤，确保在实施解决方案之前已经明确了问题并真正理解了其根源。

通过采用丰田所倡导的 A3 逻辑思维，我们能够构建一种既高效又可靠的方法，制定出能够迅速实施且一步到位的解决方案。这种思维方式体现了典型的丰田风格，强调在流程或项目的前期投入超乎想象的时间，避免因匆忙实施表面或考虑不周的解决方案而导致的返工，最终换来巨大的回报。

坦率承认不足

这一点至关重要，在我看来，它实际上是企业文化的基石。我们常说"满招损，谦受益"，其核心思想在于，一切进步都始于谦逊的态度。然而，非精益文化往往与此相悖。当您向非精益企业的高管询问谦逊的价值时，他们可能会认为您失去了理智。这些企业的管理者往往认为，我们需要自豪，我们是最棒的，怎么可能对自己和我们的组织感到谦卑呢？

那么，改善是如何开始的呢？首先，我们要明白，推动事物朝更好方面发展的根本动力源于谦逊的价值观。如果您对自己的成功保持谦逊的心态，您就会乐于寻找改善的空间。傲慢是谦逊的对立面，它往往是一个组织走向衰退的开端。拥有谦逊的态度，您便能坦然面对反省，深刻反思自己当前的做法，以及其他人如何处理类似的情况。反省的第一步是向最高标准发起挑战，只有从挑战中，我们才能获得突破性的改进，并取得显著的进步。在这条道路上，谦逊、反省、挑战和改进之间存在着密不可分的因果关系。这种态度在本田每个人的言论中都能体现出来。比如，TMMC（肯塔基州乔治城）的维修主管大卫·阿布舍尔（David Absher）评论说："我们正走在这条路上，但离卓越还差得很远。"在丰田，您可以看到他们谦逊的态度、反省的意识、面临的挑战以及他们对持续改善的坚定承诺。

几年前，在一次全球汽车行业的盛会上，丰田公司董事长赵富士夫在密歇根州特拉弗斯城发表了一次令人难忘的演讲。在这次会议上，全球各大汽车公司的首席执行官们纷纷发言，一如既往地大谈特谈各自公司取得的进步和卓越的产品。随后，在这些老生常谈中，赵富士夫开始发言，他说："在丰田，我们看待问题的方式与众不同。我们之所以有危机感，是因为我们担心自己没有跟上时代的步伐。"这种态度在非精益企业的首席执行官中极为罕见，他们通常更愿意在公开场合炫耀成就，避免讨论失败，以免影响士气。尽管当时丰田公司的市值几乎相当于全球整个汽车行业的总值，赵富士夫依然在全世界，特别是自己的团队面前，强调加速改善的必要性，并深切表达了对失去发展势头的担忧。

诚信行事，尊重彼此

精益文化的一个重要特征是诚信行事，无论面对何种压力，都要坚持做正确的事情，即使这可能带来不利后果。尊重同伴同样重要，将彼此的不同之处转化为力量，通过相互信任来增强团队的凝聚力。作为主管，您必须磨炼自己的能力，确保诚实地评估团队成员的优缺点。尤其在指出不足之处时，要表现出对个人的深切尊重，帮助每位员工以积极的心态看待改进建议，从而激励他们主动学习、持续改进并追求卓越，最终实现个人和职业上的抱负。

虽然这一点看似简单，但实际上充满挑战。

现地现物

丰田秉承的一个重要原则是现地现物（Genchi Gembutsu），即亲临现场，了解实际情况。然而，抵达现场并非最终目的，真正重要的是深入理解和全面掌握问题的本质。丰田相信，如果仅仅依靠报告或会议讨论，而不亲自到现场观察，往往会得出错误的结论和推断。在日语中，现地现物的字面意思是"实际的地方，实际的东西"。

"大野圆圈"是一个广为流传的故事，讲述的是新入职的毕业生在工作的第一天被要求待在一个用粉笔画出的几英尺直径的小圆圈内。在这个小小的空间里，他们需要独自度过一天，没有任何人给予指导和帮助。随着时间的推移，他们开始观察周围的工作情况，并发现其中的低效环节。当一天结束时，大野耐一会询问这些新员工观察到了什么，以此考察他们在实际工作中发现问题和改进机会的能力。这个过程是培养未来领导者的第一步，通过亲身体验和实践，让他们学会从日常工作中识别并消除浪费。对于那些未来致力于精益实践的人来说，这种新兵训练营式的经历将成为他们成长道路上的重要一步。

从艾布舍尔（Absher）对丰田公司位于肯塔基州乔治敦工厂的描述中，我们可以看出这种态度，"这里大约有 7 000 名工业工程师，他们不仅能够发现浪费问题，还知道如何消除浪费。"这就是丰田努力营造的企业文化，让每一位员工真正成为公司最宝贵的财富。

另一个了解真实工作场所的例子体现在产品开发实践中。正如 Sienna 小型货车的总工程师横谷裕己（Yugi Yokaya）所说："我必须亲自驾车穿越美国50 个州、加拿大所有省份和墨西哥，目睹人们是如何使用小型货车的。"这正是现地现物的生动体现。

战胜有意义的挑战

在丰田，有一种根深蒂固的基本信念，即当人们面临重大挑战时，他们能够发挥最大潜力并创造出卓越的成果。在丰田的管理哲学中，"挑战"这一核心概念始终贯穿其中。其理论依据是，巨大的挑战能够激发团队的热情，成为推动突破性成果的动力源泉。关键在于设定一个既可实现又富有挑战性的目标。正如 TMMNA（丰田汽车北美制造公司）总裁箕浦辉之（Teriyuki Minoura）所说："在压力下，人们能够发挥出超乎想象的能力和智慧。"或者，也如同艾布舍尔所描述的那样："我们设定非常高的目标，然后全力以赴地去实现。如果没有达到目标，我们就会想办法找出原因，看看我们还能做些什么来取得更大进展。"

这是您的维修主管的思维方式吗？在您的组织中，每个人都是这样思考的吗？请记住，要从煤炭（普通材料）中创造出钻石（这里指的是卓越的领导者），必须经历一个精心操控的高温高压过程。

另一个例子来自前任首席执行官渡边捷昭（Katsuaki Watanabe）向全体员工提出的挑战（我在此复述他的原话）："我们必须设计一款只需一箱油就能环游世界的汽车，它在行驶过程中能够净化空气，并且永远不会伤害行人和乘客。"这是一项考验丰田全球团队创造力的挑战。丰田希望通过激发员工的创造力，在汽车设计领域实现突破。虽然这一目标可能无法完全实现，但丰田已经为汽车设计确立了真北目标，并相信克服挑战将激发前所未有的创意。员工将不懈努力，每年都在缩小与目标的差距。这种有意义的挑战最能激发人们的工作热情，但遗憾的是，许多公司的高层领导往往未能提出这样的挑战。

成为导师和榜样

这句话可能是对丰田文化精髓的最佳诠释："先造人，再造车"。丰田坚信所有主管的首要任务是人才培养，而这一使命的实现，依赖于精心的辅导。

在丰田，人才培养是第一要务，因此对辅导技能给予高度重视。有趣的是，丰田评估辅导能力的方式与众不同。非精益管理者通常会花费大量精力制作精美的演示文稿来展示个人的才智和成就，期待获得上级的认可。然而，这一切在丰田看来都是浪费！只有当您证明自己是一位值得信赖的导师时，晋升的机会才会到来。而证明这一点的唯一途径就是展示团队成员的成长和进步。空谈自己在辅导方面的能力是毫无意义的，实际上，您必须保持沉默，让您的学生为您代言，展示他们学到了什么，克服了哪些挑战，以及取得了哪些进步。

要获得晋升的机会，您必须让团队成员展示他们的成长。想象一下，如果存在这样一种文化，提升个人声誉的唯一途径是通过您辅导的人的成功，这将是多么强大和变革性的力量。很难想象仅凭这一种领导力行为就能对文化产生如此深远的影响。

行动计划

对于试图建立精益愿景的非丰田公司来说，一个复杂的问题在于我们必须从现有文化出发。事实证明，一些现有的行为模式可能会成为实现精益目标的障碍。

回顾历史，我们会发现，在建立精益文化和精益业务系统的早期阶段，仅凭口头劝说是无法激发员工采取行动的——他们必须在"强烈推动"下开始这段旅程。大野耐一曾指出，只有强大的领导力才能引领组织走上新的道路，他提到："我最大限度地利用了我的权力。"[1]从有关大野耐一的各种故事中，我们可以了解到，如果他说自己充分利用了手中的权力，那么除了遵循新的方法，团队别无选择。这对于大多数初期领导者来说是一个挑战，因为我们希望通过建立共识和团队合作的方式来推动变革。问题在于，大多数团队成员并不会仅仅通过讨论来接受精益原则。在您的组织中，99%的人不会仅凭言辞就开始这段旅程，他们必须亲身体验精益原则，才能真正开始自己的精益学习之路。事实上，他们可能需要在"强烈推动"下，才能获得这些亲身经历，从而帮助他们形成对组织如何高效运作的新理解。起初，团队中无人相信精益的核心原则，但经过大约 5 年的深刻经验积累，他们才能真正相信这些核心原则，并在日常管理中付诸实践。

此外，您还可能会遇到一些"抗体"，即那些积极试图阻碍文化变革的人（见第 6 章）。

赋予领导团队亲身体验

要启动每个人的新学习之旅，您必须要求他们参与特定类型和层次的活动。您可以通过让他们亲身体验如何识别并消除浪费来实现这一点。变革的起点必须从您的领导团队开始。

我在 HON/HNI 开始精益转型工作时，要求每位业务部门的总经理在其第一年内至少完成 12 周的全职精益活动，作为继续担任该职务的前提条件。起初，大多数人认为这是一个疯狂的想法。但现在，丹纳赫的高管沉浸计划要求每位业务部门总裁及其所有直接下属在丹纳赫商业系统（DBS）方面完成 13 周的全职经验和学习。实践证明，这种经验水平是高层领导统一步调的唯一有效模式。

如今，HON/HNI 也建立了类似的领导力沉浸计划。不论是外部招聘还是内部晋升的管理岗位新人，在第一年都必须参加为期四周的结构化改善活动。随后，为了符合参与奖金计划的资格条件，他们每年还需参加两次改善周活动。

随着个人积累了这些早期的改善活动经验，他们的态度和行为将会发生显著变化。一项研究发现，每增加一次改善活动，员工对组织的态度就会显著提升，直到第 8 次活动经验后，这种态度才会稳定在一个非常高的水平。

经验表明，学会亲自识别浪费，并意识到一周内可以消除多少浪费，其影响是变革性的。个人改善经验是成功精益转型的中流砥柱，但让高级管理层认识到这一点仍然是一项艰巨的挑战。

在培养高级领导者之后，您还需要关注建立基础的广度和深度。广度来源于组织中每个成员多年积累的活动经验。只有这样，才能实现丰田的阿布舍尔所描述的境界，即组织中的每个人都像工业工程师一样工作。

通常情况下，团队成员需要参与两次改善活动才能开始认识到"精益理念可能是个好主意"；经历 3～7 次改善活动后，才会形成对精益理念的个人承诺；而经历 8 次或更多次活动后，才能将这种信念提升到一个非常高的水平。要让每个人都沿着这样的成长曲线前进，可能需要长达 10 年的时间。因此，重要的是要记住，随着每个成员在整个组织中不断积累活动经验，他们对精益理念的承诺和解决问题的能力正在稳步增强。

日常改善

另一种培养精益文化的基本方法被称为"日常改善"，即让组织中的每个人从根本原因入手，解决日常工作中的问题。我不愿意在前面讨论这个问题，因为大多数首席执行官一听到这个概念就会立即得出结论，认为这可能是实现精益成果的捷径。许多首席执行官可能认为，只需在组织内开展一些问题解决培训，并简单要求员工每天进行改善，就能取得精益成效。但幸运的是，到了这个阶段，您应该已经意识到，如此重大的变革不可能轻松实现。事实上，日常改善应该是转型的结果，而非起点。

通常情况下，最好是在进行了大约两年的基本精益培训和改善活动经验积累之后，再开始正式关注日常改善。然而，与丰田的许多做法一样，日常改善的目的和结果不止一个。它不仅是推动真北目标实现的方法，还是加速在整个组织中建立精益文化的重要途径。

以 ThedaCare 医疗中心为例，经过几年稳健的改善活动，管理层发现改善效果显著，并且许多人对未来充满期待。然而，并非所有人，甚至可能不是大多数人都持有这种积极态度。尽管 ThedaCare 拥有一支相当广泛的骨干队伍，他们通过改善活动积累了宝贵的问题解决技能，但依然需要通过某种方式让所有员工都参与到改善中。为此，他们采取了一个全员参与的解决方案，专注于日常改善。

这个方法包括四个关键组成部分：

- 开展为期一天的全员精益教育计划。
- 在整个组织的各个区域建立可视化管理看板，以突出显示异常情况。
- 在整个组织的各个区域实施 5S，确保工作环境整洁有序。
- 基于可视化管理系统中发现的问题，制度化日常改善流程，并利用培训中掌握的基础问题解决技能来解决这些问题。

同样，在 HON/HNI 精益之旅的第四年，我们实施了一个基于标准丰田实践的提案式改进系统（见附录 A）。这一举措不仅增强了员工的认同感，还促进了广泛的日常问题解决和日常改善。（了解奥托立夫奥格登装配厂日常改善的演变，详见附录 G。）

激发团队挑战新知

知识的深度与广度同样重要，而且在达到一定深度的速度上往往更快。拥有深厚经验的人通常能够每月参与一次改善活动，并在大约三年的时间里将改善技能提升到较高水平，同时在过程中带领他人前行。按照这样的学习进度，5～6 年后，他们不仅会完善工具和实践的知识，还会完全信奉这些原则，并将其内化为日常实践。

在这样的学习过程中，贯彻挑战和纪律的理念至关重要。您需要挑战自己的组织，特别是领导层，以实现四个真北指标的双位数年度改善率，并确保这些核心驱动因素在财务报表中得到充分体现，且与战略目标保持一致。

正确运用这些挑战和纪律，将能够推动精益改善活动的开展，实现真北指标的显著提升。请记住，对改善的实质性期望与改善活动之间存在协同效应。换句话说，成功不仅仅依赖于活动本身，还需要对结果和成就的高期望。通过应对这些挑战，您将培养出一支高效的员工队伍，同时也有助于塑造整体文化，包括习惯和价值观。

以瓦特隆公司为例，这家私营企业在精益转型的初期举步维艰。随后，在 Simpler 咨询公司老师的帮助下，瓦特隆正式确立了"瓦特隆之道"，即属于自己版本的丰田之道。瓦特隆采用了丰田式的可视化方法来描述"瓦特隆之道"。如今，瓦特隆致力于确保所有员工的习惯和行为符合他们所定义的"瓦特隆之道"的理想标准。此外，瓦特隆还仿效丰田，设计了一套选拔系统，以确保新员工与公司文化高度契合。图 7-2 展示了瓦特隆文化 A3 中的第九个框，即"洞察"框，阐明了他们所追求的文化"终极状态"。

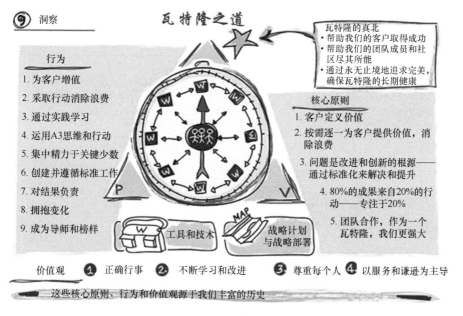

图 7-2　瓦特隆之道之"洞察"框

在这个修订版中，我邀请了瓦特隆公司的首席执行官彼得·德斯洛格，为我们分享他们在定义未来文化、将其传达给整个组织、与现有成员合作以缩小个人绩效与期望行为之间的差距，以及开发选拔系统以提高新成员与期望文化一致性的经验。这部分内容已包含在附录 B 中。

这是我们每个人都需要开始的旅程，一个永无止境的旅程。几年前，丰田对其在北美业务部门和关联公司中建立丰田之道的进程进行了深刻反思。虽然从中获得了许多有价值的经验教训，但有两点尤为突出：

- 丰田将实践学习放在首位，采用了苏格拉底式的教学/指导方法，即通过深思熟虑的提问进行教学，并以为期一周的"自主研"活动作为学习和实施的模式。

- 在总结反思结果时，丰田提出了一个问题："在北美，丰田之道最常见的障碍是什么？"答案是：缺乏个人参与。

本章总结

打造长期学习文化是任何精益转型中最具挑战性但也最有成就感的部分。正如丰田公司的专务董事池渊浩介（Kosuke Ikebuchi）所指出的，"西方过于强调工具和技术，而忽视了哲学和领导力行为。"建立这种精益学习文化不仅可以而且应该成为您留给组织的宝贵遗产。

在深入思考文化建设时，我注意到了一些关于丰田领导者的描述。这些描述简洁明了却富有深意，以下是我最喜欢的版本。

丰田的领导者应当具备以下特质：

1. 拥有强烈的领导愿望，因为真正的领导是一项艰苦的工作。

2. 具备领导才能，能够通过他人实现目标。

3. 展现出指导他人的愿望和能力。

4. 具备通过丰田生产方式不断追求完美（改善）的自我驱动力。

最后的思考

多年来，我观察到一个现象：真正理解丰田的演讲、谈话或指导往往很困难，原因在于我们往往没有特别强调那些与常规做法截然不同的关键点，而这些恰恰是我们应该关注的核心。在反思本书第 2 版时，我意识到自己可能也犯了类似的错误。在本书中，我虽然探讨了领导力的重要性，但可能未能充分强调领导力在精益转型中的核心作用。

那些真正成功的精益组织，依靠几代管理层的共同努力，创造了卓越的业绩。它们对领导力的重视程度非同一般。我信奉精益的强大，但其成功也极度依赖于领导力。

在丰田内部，组织各层级的大多数经理被视为系统运营的管理者，他们确保工作顺利进行。然而，丰田还会识别出一小部分管理人员，被称为"勇士"或"勇士型"领导者。这些管理者具有武士精神，勇于推动系统的进步，对持续改善有着坚定不移的承诺，并愿意全力以赴地促进组织的发展。尽管这一群体在总管理团队中占比不到 5%，但随着级别的提升，他们在管理团队中的比例逐渐增大，成为推动系统和文化不断进步的关键力量。他们对精益改善的承诺、强度和使命感极为罕见，但又极为强大。这些精益改善的勇士型人才通常在职业生涯的早期就被发现，并通过不断地培养和考验成长起来。

在丹纳赫，这类人才被称为"DBS 狂热者"。理念是一致的：只有少数管理团队成员能够真正推动系统的发展，并为取得非凡成果注入组织活力。与丰田一样，丹纳赫也致力于在职业发展过程中发现、培养、激励并考验这些人才。

这一小部分杰出的领导者是实现突破性变革的关键。在为期 13 周的沉浸计划中，他们不仅要学习精益知识，经历密集的精益实践，还要接受导师的严格考核和评估。您将在他们的初次沉浸体验中识别出大多数未来的精益勇士。

作者说明

在此，我要向 Simpler 咨询团队表达诚挚的感谢。他们与我携手合作，将我们的经验和洞察融合，共同塑造了本章所描述的文化特质。对于 Simpler 而言，这一努力的成果被形象地称为"树"，它代表了他们渴望实现的文化模型（见图 7-3）。

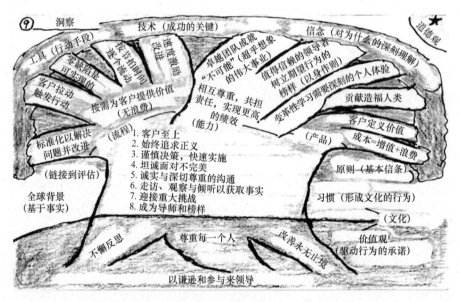

图 7-3　Simpler 咨询公司的"文化树"

在本书的第 2 版中，我特别邀请了 Simpler 团队分享他们对完整转型连续体的宏观视角［由 Simpler 公司 CEO 马克·S.哈弗（Marc S. Hafer）撰写，详见附录 D］。Simpler 拥有 100 多位精益导师，他们在全球最成功的精益组织中积累了丰富的转型经验,包括丰田(美国和英国)、丹纳赫、HON/HNI、FNOK等。几年前,Simpler 组织了一支大型团队,汇集了集体智慧,定义了精益转型的完整旅程。这一转型连续体概述了组织在转型过程中经历的主要阶段,并捕捉了随着组织不断进步而演变的各种关键属性,比如人才培养、结构调整和文化重塑。虽然这份文档仍在不断演进,但目前的版本已经很好地展示了全面精益转型的广度和深度。

此外,我还邀请了 Simpler 欧洲副总裁克里斯·库珀(Chris Cooper)介绍精益产品开发系统的概况。与编制转型连续体的方式类似,一群在精益产品开发领域经验丰富的 Simpler 导师共同设计了一套集成的精益产品开发系统。我在其他关于精益产品开发的讨论中看到的大多数内容,往往只是整个系统的某个组成部分,而非通过精益流程创造成功新产品的集成工作流程。尽管本书的初衷是侧重于精益转型的领导力方面,但我也意识到许多组织渴望更深入地了解精益产品开发的路径。克里斯·库珀对 Simpler 所称的 Simpler 开发系统的概述可以在附录 F 中找到。

参考文献

[1]　Taiichi Ohno, "Evolution of the Toyota Production System" (unpublished manuscript).

附录 A

精益入门教程

    本附录旨在为您提供一份关于精益的基础教程，而非详尽地介绍每一种精益工具的具体用法——这些内容可以在许多其他书籍中找到。即便您已经熟悉精益工具箱，本文依然能为您带来价值。因为它不仅总结了精益转型过程中常用的关键工具，还深入探讨了这些工具的运用方法、最佳时机、可达成的目标以及它们如何推动真北指标的实现。

    我将这些工具分为六大通用类别：面向高层领导的顶级工具、侧重提升质量的工具、专注于流动和交货期的工具、专注于成本和生产率的工具、支持人才培养的工具，以及专注于新产品开发的工具。几乎所有这些工具都能积极影响四项真北指标，因此我将它们归类到对相应指标影响最大的类别。如前所述，将真北改善目标设定为两位数（每年10%或更多），将对利润表和资产负债表的每个项目产生积极影响。

面向高层领导的顶级工具

    在企业级转型的过程中，有几种工具专为提供宏观视角而设计。

转型价值流分析

在第 3 章中，我深入探讨了价值流分析如何帮助组织识别工作中的浪费，并制订出改善计划。除此之外，还有一种名为转型价值流分析（TVSA）的工具，它从企业顶层出发，提供了一种全新的分析视角（见图 A-1）。

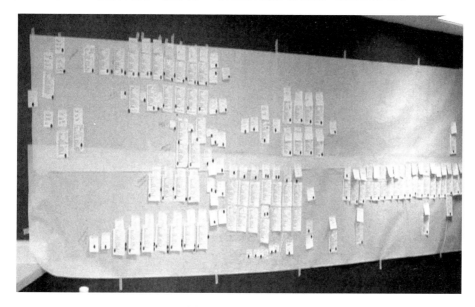

图 A-1　TVSA 示例

TVSA 旨在识别企业顶层的关键价值流，评估组织内众多利益相关者对这些价值流绩效的看法，并将这些评估与组织的战略计划相结合。TVSA 通过战略规划中获得的洞察，围绕企业的战略需求和发展方向构建顶层价值流的目标。此外，TVSA 还帮助高管团队理解精益能够为每个价值流带来的潜在改善类型和改善速度，以及这些改善如何与企业的战略计划相契合。

通过 TVSA，您将能够精心挑选出若干关键的价值流，作为启动精益转型的起点。这些价值流不仅对公司的战略方向至关重要，还能向企业中的所有利益相关者展示精益改善的强大力量。

战略部署

战略部署，也称为政策部署或方针管理，尽管名称各异，但每个版本的工具基本相同（见第 6 章）。这是一种方法论，旨在将企业改善目标逐层部署到整个企业，直至最基层的员工——大部分增值步骤都发生在那里。其基本概念是将目标从上级领导层传递至下一级，并将这些目标转化为该层级的具体价值流改善计划。在日本，这一过程被形象地称为"接球游戏"（Catchball），其目的是促进各级领导层之间在改善工作中的观点和知识交流，并将其转化为实际行动和结果。

在这一过程中，您将开始提出以下问题：

- 为了实现企业级的改善目标，我们需要关注哪些价值流？
- 为了实现这些目标，我们计划以何种速度开展改善活动？
- 我们将如何组织资源以实现这种活动速度？
- 我们是否认为这些目标是可实现的？

对于高层管理者而言，初期的"接球"并非易事，因为他们通常缺乏精益经验，不清楚真正可能实现的成果。正因如此，战略部署工具往往在精益实施的第二年才被引入，届时企业已经积累了一定的实践经验。

这一流程通过各级领导层向下循环。最终，在组织的最基层，为当年计划改善的每个价值流制订出具体的改善活动工作计划。随后，这一流程再次向上循环，直至确认企业改善目标，并证明该计划能够实现预定目标。

规划阶段通常每年进行一次，本身也是一次重要的学习经历。然后，每月举行的战略部署会议将审查进展、识别问题，并分享学习成果（见图 A-2）。与大多数公司以财务为导向的月度绩效评审会议不同，战略部署会议旨在建立一个流程，帮助企业专注于根本性的改善，并从持续的改善经验中获得学习。通过月度战略部署评审，企业能够持续思考如何从根本上改善工作，而不是像大多数月度评审会议那样只关注维持现状。

战略部署不仅是一个非常强大的流程，更是领导者确保精益转型取得实质性进展的关键环节。这也是一种边做边学的方法，第一年可能会显得笨拙，第二年往往会有显著改善，到了第三年就会成为标准做法。

图 A-2　行动中的战略部署

A3 报告

在商业战略制定和日常问题解决中，A3 报告是一种备受推崇的工具。它不仅代表了一种国际标准的纸张尺寸，更是一种源自丰田的独特问题解决方法。A3 报告的核心理念是将问题的全貌及其解决方案，以简洁明了的方式呈现在一张 A3 纸上。丰田并没有为这种方法起一个华丽的名字，而是直截了当地以纸张的尺寸来命名，体现了丰田一贯的谦逊务实风格。尽管 A3 报告的具体格式可能有所不同，但典型的 A3 布局通常呈现为图 A-3 所示的九宫格结构。

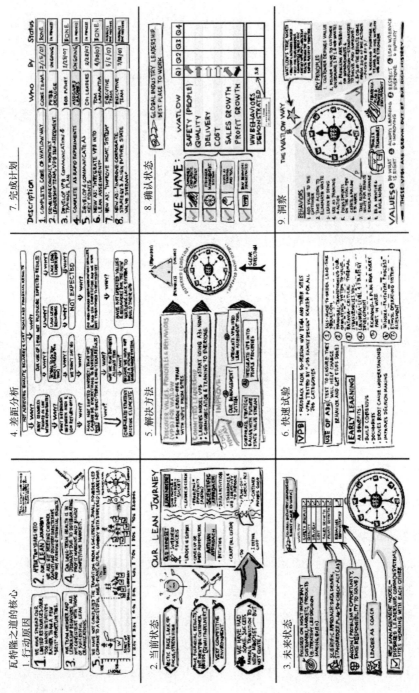

图 A-3 瓦特隆转型守护计划

A3 格式强制要求全面覆盖问题或行动的所有关键步骤，确保问题得到充分考虑并进行深入分析。如果您按照这九个信息框的指引，您将能够深入剖析问题的根本原因，明确可行的解决方案，并从中获得宝贵的洞见。

A3 报告巧妙地结合了图形数据和手绘草图来阐述概念。绘制一张能够准确传达关键概念的草图，虽然需要付出努力，但其效果却令人惊叹。对于一些人来说，文字描述可能不易理解，而草图则能够帮助团队成员更快地抓住核心思想。对于每个人来说，"文字+草图"的组合无疑使想法更加清晰，更令人难忘。

起初，A3 报告看起来可能需要投入较多工作，但实际上它能有效避免因实施未经深思熟虑的想法而导致的大量返工。一旦您的组织习惯了这种格式，您将对其作为沟通工具的高效率感到惊叹。A3 报告的独特之处在于它将文字描述与视觉展示相结合，使信息传递更为直观和高效。此外，A3 报告专注于全面覆盖问题的所有关键方面，通过九个方框将所有信息整合在一张纸上，从而极大地提升了工作效率。

主要侧重提升质量的工具

质量工具箱是一个有趣的组合，其中大约一半内容源自全面质量管理（TQM）或六西格玛，另一半则是丰田的独特贡献。

五个为什么

在丰田，"五个为什么"是一个基础工具，最初源自全面质量管理，但在丰田的实践中发挥了更深远的影响。其基本概念是，通过连续问"五个为什么"，您可以有 95% 的把握找出问题的根本原因，而非仅仅停留在表面症状。根据我的个人经验，大约 90% 的质量问题可以通过在质量问题发生时组织工作小组，然后问"五个为什么"来解决。这种方法将为 90% 的日常质量问题找到根本原因的解决方案，而接下来 10% 的质量问题解决起来会更加棘手。

尽管"五个为什么"既简单又强大，但遗憾的是，真正能够坚持使用这一方法的组织却屈指可数。在我的职业生涯中，我一直致力于推动组织每天都使用这种方法，但据我估计，我能达到的最高合规率大约只有 15%。这构成了一个有趣的文化困境：我们拥有一种迄今为止最高效且最易学的质量问题解决工具，却很难促使人们去实践它。这种困境在精益的诸多方面司空见惯。理解"五个为什么"（以及类似的精益工具）很容易，要将其内化为日常行为却困难重重。

全面质量管理的 7 种基本工具

接下来，通常会使用全面质量管理的 7 种基本工具：

1. 因果图（鱼骨图）

2. 流程图（工艺流程图）

3. 柏拉图

4. 运行图

5. 柱状图

6. 散点图

7. 控制图

在经过"五个为什么"深入探究后，这些工具能够帮助解决剩下 6%、7% 或 8% 的质量问题。我学到的一个宝贵经验是，尽可能从最简单的工具开始，只有当这些简单工具无法胜任时，再考虑使用更复杂的工具。但随着问题的复杂性增加，这些基本工具可能逐渐显得力不从心。对于最后那些 1% 或 2% 的顽固问题，您实际上需要像田口实验设计（Taguchi Design of Experiments，简称 DOE）这样高级的工具，来应对涉及多个潜在原因的复杂问题。

好消息是，通过优先使用高效的工具，您可以从根本上解决大部分日常问题，避免它们的再次发生。这样，您和团队就可以集中精力解决那些真正困难的质量问题。在这里，"困难"不仅仅指成本高昂的问题。理论上，通过解决对成本影响较大的质量问题，您能够实现成本的显著降低——实际上，许多早期的六西格玛项目聚焦于解决成本影响超过 25 万美元的问题。这无疑是一个非常有效的成本削减策略。然而，由于99%以上的质量问题对成本的影响远低于这个阈值，因此大多数质量问题仍未得到解决。要想达到丰田那样的卓越水平，就不能忽视任何问题，无论其成本影响大小，您都需要组织起来解决这些问题。

防错

在丰田独特的质量管理工具箱中，防错（Poka-Yoke）占据一席之地。防错是一种重新设计流程步骤的方法，旨在确保每个步骤都不会出错。防错的设计哲学在于从根本上消除犯错的可能性，将潜在的风险完全剔除出流程。一个简单的防错实例可以在您的汽车上找到：燃油加注口被特意设计成只能容纳较小的无铅汽油喷嘴，这样就避免了错误地插入较大的柴油喷嘴，从而消除了潜在的缺陷。此外，图 A-4 展示了这一概念的更多实例。虽然防错是精益转型战略中的重要组成部分，但它通常并不是质量改善的第一步。

请注意，即使您已经在设施中部署了一系列防错措施，但仍有提升空间。以 HON/HNI 公司为例，我们一直致力于达成每年 20% 的质量改善目标。经过大约四年的努力，一些简单的方法确实取得了显著效果。然而，随着时间的推移，我们发现质量改善的收益开始趋于平缓。当时，我们利用未达成质量改善目标的紧迫感激励团队深入研究丰田工具箱，并评估我们如何使用这些工具。结果发现，我们引入了许多防错设备——每个现场都有一两个，而且每个人都在谈论它，仿佛真的理解了其原理，大家都认为"防错工作已完成"。但实际上，当我们回顾过去一年中出现质量问题的流程时，惊讶地发现，高达 99%的流程并未真正实施防错措施。这一发现为我们指明了当年改善的方向。为了实现质量的飞跃，我们必须在组织内更广泛地推广和应用这些工具，即进行所谓的横向扩展。仅通过这一措施，我们就在当年实现了质量的显著提升。这一经历为我们提供了宝贵的启示：在精益方法受到广泛关注时，我们必须仔细观察特定实践的普及程度，因为很多时候，我们看到的仅仅是它们的应用示范，而没有真正广泛推广。

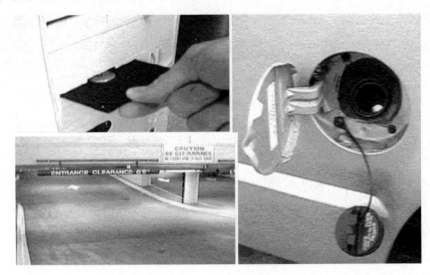

图 A-4　Poka-Yoke 实例

　　终极防错是在产品设计阶段就实现防错。如果工程师能够在设计单个零件和组件时就考虑到防错，确保它们从一开始就不会被错误地制造或组装，那么我们就可以避免在后期通过更高成本去设计流程防错的困境。

安灯系统

　　丰田公司的安灯系统（Andons）是一项独特的管理实践，日语中的"Andon"意为"灯笼"或"灯"。这一工具的核心理念是，当出现潜在的质量问题时，通过触发信号来引起关注。在丰田的工作区，您会发现任何团队成员都可以拉动安灯绳，这将启动一个在整个工作区都能看到的信号灯。

通常情况下，黄灯表示"我可能遇到了问题"，而红灯则明确表示"我确定遇到了问题，必须停止工作，因为我不能传递不合格的工作"。安灯系统通常还会伴随着音乐声响，这使得团队领导能够迅速察觉到问题。这种做法具有动态的张力：当问题出现时，团队成员必须不折不扣地立即拉动绳子；同时，团队领导必须从根本上解决问题，以确保再也不会因为同一问题被拉绳。因此，安灯不仅是防止工作缺陷的手段，更是推动问题解决的重要工具。

丰田还会记录每个班次拉动安灯的次数。当团队成员解决了足够多的问题，使得拉动次数减少时，丰田通常会适当提高生产线速度，以揭示下一层浪费。与丰田的许多做法一样，安灯系统的作用也是多层次的。首先，它是防止员工传递不合格工作的工具；其次，它是一种动态的压力驱动问题解决工具；最后，它是一种通过加快生产线速度使下一层浪费可见的方法。图 A-5 展示了安灯系统的实际应用，描绘了用于处理各种流程异常的其他方法。这些方法包括从简单的五级信号灯到更先进的电子设计。

图 A-5　安灯系统和电子控制板

125

质量检查

在 HNI/HON 转型之旅的第六年，我们迎来了一个新的挑战：保持 20% 的质量改善速度变得日益艰难。为了突破这一瓶颈，我们决定采纳新乡重夫提出的丰田质量管理实践，即自我检查和连续检查。这两种质量检查的核心思想在于，每位团队成员在传递产品前，不仅要对自己工作的关键部分进行自我检查，还要对前一位成员的工作成果进行关键性审核。图 A-6 展示了带有清晰标识的工作站，确保质量检查要求一目了然。这种方法有助于减少人为疏忽，防止因懒惰而不遵循标准工作。

图 A-6　工作站和可视化质量检查板

在接下来的一年里，我们意识到，要实现更高水平的质量提升，必须采取设计防错的方法。我们得出的结论是，最有效的防错机制是在产品设计阶段就将防错理念融入其中。因此，我们启动了月度质量评审流程，推动产品设计的变更，以消除潜在的错误。起初，工程师们对于重新审视他们认为已经完成的设计持保留态度。然而，当我们专注于通过设计变更来实现防错时，发现超过 80% 的质量问题可以通过在设计阶段的改进来避免。这种对设计防错的关注，最终帮助我们连续几年成功地实现了质量改善目标。

专注于流动和交货期的工具

在参与的大多数业务中，我发现我们往往低估了缩短交付期对客户的价值。大多数精益实施都聚焦于流动性，将其作为降低库存成本的手段，但真正的巨大收益来自于将所有面向客户的流程或产品的交货期缩短 75%，从而实现增长率提升 2~4 倍。

回顾制造业的重大变革历史，福特的流水线系统无疑是一场颠覆性的革命。大野耐一作为创建丰田生产方式的关键人物，经常表示他从福特那里汲取了构建丰田系统所需的大部分知识。这种说法虽然带有谦虚的成分，但也印证了一个事实，因为福特所建立的系统能够在短短三天内完成一辆汽车从铁矿石到经销商的全过程，这无疑是一个卓越的流程。当然，福特的流水线也因其在产品多样性上的限制而著名："任何颜色都不行，只能是黑色的。"

换模设定时间

丰田和新乡重夫的核心贡献之一是提出了减少换模设定时间（Set-up Times）的概念。大多数机器（以及许多智能流程）都有一个换模设定时间——在生产不同产品或服务前都需要一段时间来准备。这种换模设定时间是批量生产的主要原因；在行政管理中，部门往往像独立的筒仓一样运作，信息流也仅通过邮件室进行批处理。早期的一个突破性发现是，我们曾误以为特定机器的换模设定时间是固定的，但实际上它们是可以缩短的。

随着时间的推移，新乡重夫对换模设定时间进行了深入研究，发现任何类型的设备都可以缩短设定时间。他开发了一种标准做法（通常被称为 SMED，即快速换模，模具是丰田常见的压力机的关键部件）来显著减少换模设定时间。在围绕缩短交货期重新设计 HON/HNI 办公家具业务时，我们采用了这种方法来减少换模设定时间，使我们能以更小的批量生产，从而加快了整个流程。我们发现，每次深入研究换模设定，平均能减少 50%或更多的时间。这就对了。如果您一个月后回来，便会发现新的浪费和新的改善领域，并且通过研究能够再次减少 50%或更多。基于这些经验，我们制订了一项计划，在未来五年内，每年将每台机器的换模设定时间减少 50%。每年年底，我们都会将批量或交货期减半。经过五年的努力，我们已将换模设定时间减少了约 95%，同时也将内部交货期减少了 95%，从原来的月度批量转变为每日批量。我们最初的周期时间（制造一件产品需要的时间）是一个月，第二年缩短到两周，第三年缩短到一周，第四年缩短到两天半，第五年缩短到一天。

看板

看板（Kanban）是另一种用于流动控制的工具。大多数人对使用看板卡来控制物料流动的概念已经相当熟悉。然而，在实施看板系统之前，领导者需要考虑几个关键问题。建立看板系统并不会直接提升生产力，而且看板需要定期维护。因此，在设置看板之前，应该首先考虑能否直接链接流程来实现流程控制，而不依赖卡片。图 A-7 展示了一个药房看板（拉动系统）的实例，它用于在下一次预测需求到来之前补充耗尽的药品。

当您拥有一台大型设备，并且有多个产品线在其内部流动时，通常需要设置看板来控制物料的流动。但我们必须始终记住，看板本身也是一种浪费——它们不会直接增加价值（有些人设置了各种看板，然后想知道为什么他们的生产率没有提高），而且维护它们会持续产生成本。从长远来看，目标是设计和建造或采购能够支持单一产品线流程的小型设备，而不是依赖这些大型设备。设备制造商往往难以接受这一基本理念——他们固执地认为，如果一台 X 尺寸的机器表现很好，那么一台 2X 容量的机器只会贵 50%，因此性价比更高。然而，他们忽略了组织每天将各种产品（不同数量）输送到机器/系统处理的成本。您会发现，许多机器制造商很难理解小型机器的优势。这就是为什么当您需要最基本、最小的机器时，最好在内部设计和建造它的原因（见图 A-8）。到了这一步，您可能会遇到一种不太为人所知的精益工具：3P。

图 A-7　药房使用的看板

图 A-8　3P：从概念到正确尺寸

生产准备流程

3P（Production Preparation Process，即生产准备流程）是一种创新工具，它不仅可以帮助我们发明新的流程或设计，还确保机器设计能够与精益系统的特性相契合。3P 的指导原则是，每个机制都已经存在于自然界中。真正的 3P 强调从自然界中寻找灵感，以发现新的流程和设计。它是如此的不同，以至于大多数组织在开始 3P 流程之前需要经过几年的精益经验积累。

关于 3P 的领导力见解尤为有趣。在 HON/HNI 进行了几年的精益实践后，我们开始使用 3P 设计符合精益实践的小型机器,并利用它发明新的工艺技术。3P 同样适用于产品开发，但我们在这方面的经验较少。最终，我们发展到每季度开展 15 次 3P 机器设计活动，由五个机器设计和制造部门共同负责将这些设计变为现实。领导层的普遍经验法则是，通过 3P 技术，通常只需传统方法 1/4 的资本成本就能实现产能的增加，同时带来 4 倍的生产率提升。然而，我并不愿意过于强调 3P 带来的各种收益，因为这可能会促使一些尚未成熟的精益实践组织急于尝试 3P，而他们可能尚未充分理解 3P 的原则。对于经验丰富的精益企业来说，3P 就像是精益实践的第二波浪潮。制造业的第一波浪潮集中在改进批量生产或福特流程概念设计的系统上。随着对流程和精益实践的深入理解，组织可以开始重新设计每一件工艺设备，并从头开始创建一个精益生产流程。这是一个漫长的过程，因为您不可能在几年内重新设计和重建整个制造基地。但随着精益带来的加速增长，您可能会发现自己比预期更早地想要进行这样的转型。如果采用这种方法，您将能够创造出竞争对手无法比拟的流程技术优势。

流程准备

2P（Process Preparation，即流程准备）的概念与流动原则紧密相关，但并没有借鉴 3P 中从自然界汲取灵感的方法。与 3P 相比，2P 的概念更易于理解，因此可以在精益之旅的早期阶段使用。2P 通常用于设计价值流布局中的畅流。比如，ThedaCare 医院集团就利用 2P 来设计其住院流程的畅流，见图 A-9 和图 A-10。

图 A-9　2P：ThedaCare 协同护理工作区

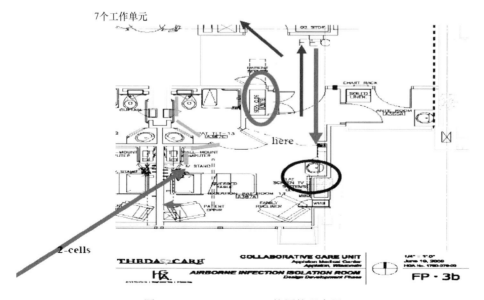

图 A-10　2P：ThedaCare 协同护理布局

标准工作：专注于成本和生产率的工具

正如您所料，那些提升质量和流动的工具同样能够提高生产力并降低成本。在精益工具箱中，有一种关键工具是生产率提升的主要源泉，无论是对于行政流程还是生产流程。在某些方面，它是精益工具箱中最强大且应用最广泛的工具：它被称为标准工作（注意不要与工作标准混淆）。标准工作融合了丰田对流程和工业工程的深刻理解，专注于工作流程中增值步骤的改善。实施标准工作时，首先从节拍时间（Takt Time）开始，即根据客户需求设定的工作流程产出节奏：您需要多久生产出一件产品或提供一次信息输出来满足客户需求。节拍时间的概念独具特色，因为它围绕客户需求重新设计了流程——无论是制造、服务还是行政流程。

接下来，您需要列出流程中的每一个步骤，并对每个步骤所需的工作时间进行初步估算。在这个过程中，您要不断地向自己提出以下关键问题：

- 这真的是一个增值步骤吗？
- 我真的需要这个步骤吗？
- 如果客户看到我执行这个步骤，他们是否愿意为此付费？
- 我如何确保这一步骤的质量和安全？

对每个小步骤回答这四个问题将有助于改善流程。在流程中的工作得到改善和记录之后，您将根据节拍时间和工作内容为流程中的每个人分配一整天的工作任务。

丰田工作方式的一个独特之处在于，您不追求平衡工作（见图 A-11）。平衡工作会掩盖浪费，使其更难被消除。您希望为每个人分配一整天的工作任务，并确保最后一位员工能够完成部分工作（见图 A-12）。这样做的好处是，您能够充分利用流程中的所有人力资源，并为最后一位员工留出空闲时间。您的目标不是为了填补这些时间，而是进一步改善工作流程，以便完全释放这个人的潜能。这种部分工作的概念是丰田使浪费变得可见的另一种方式。
图 A-13 展示了在完成改善活动后的影响。

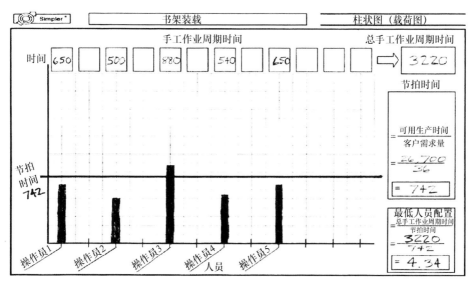

图 A-11 显示每个操作员日常不佳工作量的柱状图

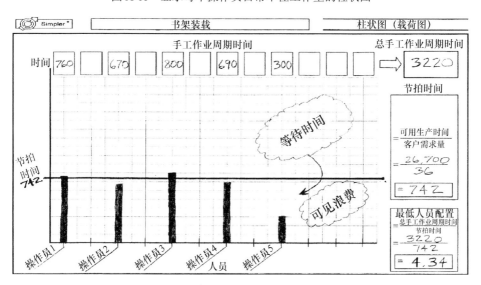

图 A-12 显示每个操作员日常良好工作量的柱状图

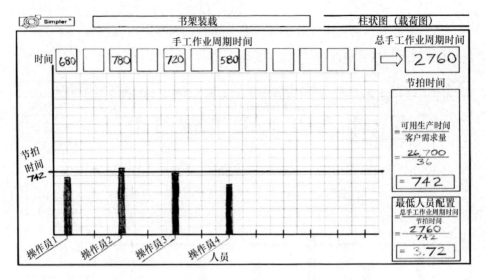

图 A-13　显示改善后每个操作员日工作量的柱状图

审查的结果会记录在标准工作组合表中，这些修订后的工作实践将张贴在实际的工作场所。图 A-14 准确地显示了流程中每个操作步骤或任务所需的时间。通过观察正常与异常情况，这些表格是快速发现浪费的另一种工具。

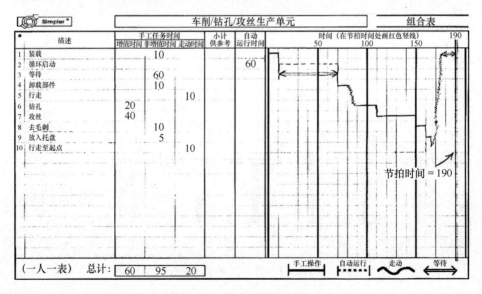

图 A-14　标准工作组合表

当丰田的高层领导进行现场访问时，他们会细致地检查标准工作的执行情况。他们不仅会确认每个工作站是否张贴了标准工作组合表，还会随机抽查几个工作站，观察工作人员是否严格遵循标准工作进行操作。如果工作完全按照标准工作进行，领导们会检查组合表上的日期，以确保流程持续更新和改善。如果表格长时间未更新，那么团队领导需要对工作区域的改善情况进行深入讨论，因为自上次更新以来的任何改善都应及时反映在表格中。

尽管标准工作看起来简单甚至乏味，但它是精益的基石，是发现和消除流程浪费的关键工具。通常，在精益改善周期间进行的标准工作分析将会使生产率提高 40%。同时，质量和安全/工作条件也会得到改善。每次通过标准工作重新审视某个领域时，往往能揭示出下一个层次的浪费，从而再次提升生产率 40%。

在 HON/HNI 精益转型的第四年，我们回顾了过去两年中进行的标准工作改善活动。在这段时间里，我们开展了 491 次标准工作改善活动（改善周活动），我们发现每次对某个领域进行研究，平均都能实现 45%的生产率提升。这些活动包括对同一区域的第二次或第三次改善，每次都能带来大致相同的平均生产率提升。我们还对已开展的行政标准工作活动进行了评估，发现每次活动甚至实现了平均 80%的生产率提升。

我坚信，真正的生产力提升应该在 90～120 天内收回所有精益转型的成本。（要在 120 天内收回总回报，这包括成员的时间、导师的时间和重新设计的实际成本。如果您的改善活动在生产率方面的回报没有这么快，那么就需要重新评估活动的质量并采取后续行动）。标准工作是提升生产力的主要驱动力。

然而，一旦组织认识到标准工作的强大作用，管理者可能会倾向于只开展标准工作活动。这样做虽然能获得一次性的生产力激增，但如果没有持续改进质量或流动，过了一段时间后，这种激增将逐渐放缓。这些质量问题随后开始扰乱您的流程，材料或信息流也开始影响您的流程。因此，我建议将大约 1/3 的改善活动集中在标准工作上，而其余则集中在提高流程质量、人才培养和构建畅流上（比如，在大型设备周围建立看板或开展减少设置活动）。

20 世纪 90 年代中期，我有幸访问了丰田位于肯塔基州乔治敦的工厂，这次经历让我深刻地认识到标准工作的重要性。我的导师岩田芳树（Yoshiki Iwata）曾是丰田汽车制造公司总裁（后任丰田全球董事长）张富士夫（Fujio Cho）的重要导师。岩田芳树邀请我前往乔治敦拜访张富士夫，当时该工厂已经运营了大约 15 年。那时，我已经非正式地学习了 20 年的精益知识，并且认真实践了 10 年。尽管我已经掌握了许多精益工具和概念，但我始终在寻找能将我的组织提升到更高精益绩效水平的突破性理念或工具。

我决定向张富士夫请教，在接下来的一年里，他将把改善的重点放在哪里，以提升丰田的运营水平。我相信，以丰田的经验和成就，这个重点对我来说一定是革命性的。但当我向张富士夫提出这个问题时，他的回答却非常简单：标准工作。他解释说，即使在丰田，他们的所有工作中仍然存在大量的浪费，而重新强调标准工作将使丰田能够识别并消除这些浪费。

支持人才培养的工具

人才培养不仅是精益企业的基石，更是推动持续改善的动力源泉。赋予团队成员的新知识，最终将成为组织最宝贵的无形资产。在许多企业中，人们常常泛泛而谈人才的重要性，但在精益企业中，这不仅是口号，更是核心实践。精益转型的成功依赖于对工作流程的持续研究和重新设计，而这一切都需要团队成员亲自去完成。他们需要导师的长期指导，因为学习的内容远超大多数人的想象。而精益流程改善的真正实践者，正是这些团队成员。在这一过程中，他们不仅优化了流程，更积累了宝贵的改善知识。这些知识，将成为组织的核心竞争力和最宝贵的资源。

活动参与

活动参与虽然更偏向于实践而非单纯的工具，但却是人才培养不可或缺的一环。通过跨职能团队的合作，团队成员不仅学会了团队协作，更掌握了创造人力资源资产的关键工具、实践、原则和领导力。这种经验的积累，对个人和组织的成长都至关重要。

5S（或 6S）

通常，在行政或生产环境中应用的第一个工具是一个简单得令人难以置信的工具，称为 5S 或 6S。之所以说它简单，是因为日语中的 "S" 代表了良好内务管理的基本步骤。它们是：

- **整理**（Sort）：去除工作中不必要的物品。
- **整顿**（Separate）：高效布置和安排设备和材料。
- **清扫**（Shine）：保持环境的整洁和清洁。
- **清洁**（Standardize）：标准化，并持续改进前三个步骤。
- **素养**（Sustain）：建立并维持工作场所的组织纪律。
- **安全**（Safety）：营造安全的工作环境。

对于大多数管理者来说，5S/6S 似乎过于简单，但事实证明，它是精益管理的坚实基石。它的实践效果在工作区域内显而易见，使工作井然有序、组织得当，从而提升了工作效率，同时创造了一个更清洁、更安全，更少挫折感的工作环境。这些直观的好处为精益之旅赢得了认同，并为新的工作方式打下了坚实的基础。精益系统要求比传统的批量生产或福特式流程更高的纪律性，因此，培养这种新的纪律意识是精益转型的核心组成部分。作为领导者，您必须认识到，让习惯于自由散漫工作的团队成员遵循规范的标准流程是一项艰巨的挑战。

在精益实践中，您需要始终遵循标准工作，并定期进行改善活动，尝试新方法；如果有效，便将其付诸实施，并不断推动标准工作实践的改进。对于大多数团队成员来说，这个概念是一种全新的工作方式。因此，尽管 5S/6S 看似简单，但它应成为您的第一步，它不仅能在短期内提升生产率，并能为长期的认同和工作纪律奠定基础。

在我们实施 5S/6S 后，发现相关区域的生产率平均提升了 15%。图 A-15 展示了一个高标准的 5S/6S 实践区域，您可以一眼识别出任何错位或缺失的物品。

图 A-15　5S/6S：各就各位

人体工程学改善

还有一种工具可以帮助您根据人体工程学原理重新设计工作场所，这通常被称为人体工程学改善（Ergo Kaizen）。它不仅能够增强团队的认可感，还能显著提升生产率，足以覆盖其实施成本。通常，在某个区域完成 5S/6S 工作后，人体工程学改善能够进一步带来 15%的生产率提升。此外，它还能有效降低工伤赔偿成本，并显著提升员工士气。事实上，在我们收购新公司并进行精益实践整合时，安全计划和人体工程学改善总是我们最优先的步骤。新团队成员一旦目睹了我们对安全的坚定承诺，其他一切都会变得更加顺利。

提案系统

提案系统（Teian System），或称为 Teian 系统，是一个契合精益理念的独特建议系统。它的核心在于培养员工对持续改善的认同感，并提升他们的问题解决能力，而不仅仅关注成本节约。事实上，丰田在运营的前三年通常不会将重点放在建议系统的节约上。前三年的重点是建立广泛的参与度——如果员工积极参与，他们将更倾向于支持任何形式的改善，并能逐步发展出有价值的问题解决和改善技能。在最初的两年里，工作重点通常是让更多的员工参与进来，第二年的参与率目标设定在 95%。到了第三年，则更多地关注增加每位团队成员实施的提案数量。根据丰田的最佳实践，世界级的基准是每位团队成员每年实施约 24 项提案，这些提案可能涵盖安全、质量、生产率或畅流改善等方面。

请记住，提案系统不仅仅是一个简单的建议系统，而是一个实施建议的系统。在这个系统中，团队成员或小组能够得到必要的支持去实施他们自己提出的改善提案。认可来自于实施的改善成果，而不仅仅是提出建议本身。

参与是关键。积极的参与能够带来态度的转变，并激发员工提高和培养新技能的动力。参与正是提案系统的最终目标。

专注于新产品开发的工具

事实证明，本附录中讨论的其他工具和概念都可以应用于产品开发的各个方面。然而，精益产品开发还包含一整套额外的概念、工具和实践。本节将向您介绍一些最有效的工具。精益产品开发工具箱中还包括模块化设计、减少品种、产品诊所等其他工具。有关 Simpler 新产品设计系统的概述，请参见附录 F。

早期决策

早期决策的概念至关重要。大多数公司以顺序方式组织产品开发项目，但往往在项目后期才发现，由于团队成员在早期未能就关键决策达成共识，导致整个项目不得不重新开始。在丰田，项目在做出关键决策之前，是不允许向前推进的，这是通过设定"控制点"来实现的。

强制创新（或多方案并行的产品开发）

另一个核心概念是每个开发项目中的强制创新，也称为多方案并行的产品开发。这样做的目的是确保创新的发生，同时确保产品如期上市。传统的产品开发常常因为开发过程中的返工循环（如上一节所述的关键决策点所解决的部分问题）而错过目标上市日期，或因追求创新而导致项目延期。丰田的方法是在开发项目的早期设定一个时间段，并在此期间分配资源，以推动设计基本概念的改进。通常情况下，会有三种备选设计在有限的时间内进行密集的开发和测试。

第一种备选方案通常是基本设计，只有适度的设计改善，确保在当前项目的时间、成本、质量和功能限制条件下能够顺利实施。第二种备选方案则更为先进，旨在带来更多效益，并通过快速实验进行验证。第三种方案则是最为前沿的设计，通过一系列快速实验探索其可行性。如果第三种方案能够迅速取得进展，并能在短期内转化为经过验证的概念，那么它将成为开发项目的一个选项。然而，实际情况往往并非如此。如果这个非常前沿的设计未能成功，它将被详细记录（在 A3 报告上）并作为学习经验，然后被放弃。如果第二种先进设计显示出巨大潜力，但在短时间内无法准备就绪，那么它将进入新的开发周期，继续改进，直到在下一个开发计划中成为一个经过验证、准备投入生产的成熟设计。这样做既能实现显著创新，又能确保产品按计划上市。

客户声音/质量功能展开

另一个在产品开发中使用的工具是客户声音（Voice of the Customer，简称 VOC）流程。通常，这一流程会被组织成质量功能展开（Quality Function Deployment，简称 QFD）质量屋。QFD 是一种系统化方法，它将客户的真实需求转化为具体的产品与服务要求。深入洞察客户的真实需求，是成功进行产品开发的基础。通过 QFD，VOC 数据被有序地整合进设计规范、工艺选择和售后服务支持中。

对于大多数公司而言，有效地运用 VOC 流程和 QFD，可以显著提高开发工作的效率。然而，大多数开发工作由精通技术的工程师主导，但他们往往缺乏对客户需求的深入了解。结果，我们常常提供的技术解决方案并未真正解决客户面临的问题。因此，真正以客户需求为导向进行产品开发，对许多公司来说是一次巨大的进步。这通常要求主要的开发工程师亲自拜访客户，有组织地评估他们对产品和服务的真实需求。在开发如雷克萨斯（Lexus）轿车或西耶那（Sienna）小型货车这样的关键车型时，丰田的工程师们会深入日本各地，观察目标客户如何使用类似车辆；他们甚至会与目标客户家庭同住，以更好地理解他们对汽车的期望。关键在于，要让了解技术可能性的人与有实际需求的人直接接触。

在我早期的精益之旅中，我们在杰克制动公司收集 VOC 知识，并组建了一个由销售、市场营销、设计和生产等部门的精英组成的跨职能团队。我们会让他们共同工作至少一周，有时甚至更长，并要求他们深入分析 VOC 并贯穿整个 QFD 流程。这个团队在如何满足 VOC 要求上持开放态度，考虑多种替代方案。通过要求他们在项目启动前完成整个 QFD 流程，我们能够尽早做出大部分决策。QFD 工作结束后，将由指定的项目团队进行更详细的工作。但最初阶段是真正的头脑风暴，是创新思维的碰撞。

关键在于，大多数公司的开发项目效率低下，这通常是因为没有准确聚焦真正的 VOC。我们必须强迫自己把时间花在前面，在不影响项目成本和时间的情况下，对项目结果产生积极影响。可以这样考虑：随着开发项目接近启动阶段，管理层用于评审项目的时间会逐渐增加。但到那时，管理层的介入往往是在增加非增值工作。相反，在项目初期，当可以用较少的时间和成本对决策产生重大影响时，实际上几乎不需要花费管理时间。

卡诺分析

精益始终是最有效的增长战略，而促进增长的最佳方法之一就是对产品开发工作进行卡诺分析（Kano Analysis）。卡诺分析工具着眼于通过满足基于 VOC 的产品定义来制定常规的产品策略，并将其与通过满足客户未表达的需求或愿望来超越期望的产品开发增长策略进行对比（见图 A-16）。由于精益通常能够提升生产率和利润率，因此应将产品开发工作重新聚焦于满足客户的隐性需求和愿望。成功的 VOC 工作通常能够识别这些潜在的、未被明确表达的需求和愿望。

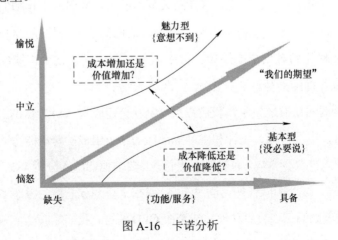

图 A-16 卡诺分析

大部屋

另一个关键工具是大部屋（Obeya），这是丰田另一种典型的低技术含量的做法。大部屋一词意为"大房间"，它指的是在项目进行过程中，关键的跨职能团队成员共同在一个大房间内工作。丰田发现，这种面对面的互动是任何计算机界面都无法完全替代的。大部屋的核心价值在于促进产品开发过程中的直接沟通，尤其是在那些平时鲜有交流的部门之间。

根据我的经验，沟通的频率通常会随着两人之间距离的平方而显著降低，尽管这一现象的科学依据尚不充分，但它在概念上是合理的。在产品开发过程中，我们应该鼓励更多的沟通。我甚至采取过这样的措施：将那些在跨职能沟通上最困难的人——产品工程师和工艺工程师——安排在面对面的办公桌上。这个简单却有效的举措，正是大部屋概念的体现（见图 A-17）。

您最大的影响力来自于真正理解客户的需求（无论是显性还是隐性），并将这些需求与技术可行性的知识相结合，然后在开发流程的最前端将这些知识应用到设计规范、流程规范和服务设计中。这正是高层领导应当投入时间和精力的地方。

图 A-17　Obeya 会议室：面对面交流

本章总结

    我并未涵盖精益工具箱中的所有工具和概念，对于已讨论的那些工具，我的解释也不足以让您能够立即应用它们。但我希望，现在您对精益工具的范围有了更清晰的了解，并且掌握了一些有用的应用规则。

附录 B

打造可持续的精益文化——瓦特隆之道

彼得·德斯洛格（Peter Desloge）

瓦特隆公司首席执行官，也是该公司创始人之孙

"其出弥远，其知弥少。"

——老子

当乔治·科尼塞克邀请我为他的著作撰写附录时，我起初犹豫不决。虽然我们在五年半的精益转型过程中取得了令人鼓舞的成果，但我深知，这段旅程才刚刚开始。若认为我们的经验不仅对我们自身有益，还能为他人带来启示，这样的想法似乎有些自负。然而，在乔治·科尼塞克的坚持鼓励下，我决定接受这个挑战，借此向那些支持我们的精益实践者群体致敬。

在接下来的篇幅中，我将带您走进瓦特隆的精益之旅，特别聚焦于我们如何努力打造一个可持续的精益文化。我所追求的是一种即便在我卸任首席执行官后，依然能够蓬勃发展的文化。虽然我们正式的精益之旅起步于五年半前，但这一切的起点要追溯到我的父亲和叔叔——乔治·德斯洛格（George Desloge）和小路易斯·德斯洛格（Louis Desloge）——他们赋予了瓦特隆谦

逊之心和不懈追求卓越的精神。即便在他们退休 20 年后的今天，这些核心价值观依然深深植根于我们的企业文化中，成为推动我们不断前进的不竭动力。

背景

瓦特隆，这家拥有近百年历史的私营家族企业，总部位于美国密苏里州圣路易斯市。自 1922 年由我的祖父路易斯·德斯洛格（Louis Desloge）创立以来，我们始终秉承创新和卓越的传统。如今，瓦特隆已经发展成为一家拥有 120 多名股东的全球性企业，这些股东来自我们的第二、第三和第四代家族成员。

我们的使命是解决世界上最棘手和最重要的热力问题，通过在全球 10 个地点设计和制造先进的热力产品和系统来实现这一目标。此外，我们拥有遍布 14 个国家的 43 个销售办事处，提供由销售工程师、客户经理和技术支持专家组成的全球服务网络，确保客户得到全方位的支持。

瓦特隆以创新的系统解决方案闻名，致力于解决各种热力问题。我们的产品系列包括电加热器、传感器和温度控制器等。图 B-1 为您提供了一个直观的视角，帮助您更好地了解我们丰富的产品组合。

虽然瓦特隆保持着私人控股的身份，但家族股东们依然支持成立了一个多元化的董事会。董事会成员包括家族成员和外部董事，后者均曾在大型企业担任过首席执行官，拥有丰富的高管经验。这些外部董事的加入为公司带来了上市公司所需的治理标准和纪律，同时也平衡了家族股东希望保持瓦特隆作为家族企业传统和"独特性"的愿望。董事会为公司高管团队提供了明确而一致的洞察和指导，帮助我们共同塑造瓦特隆的未来发展方向。

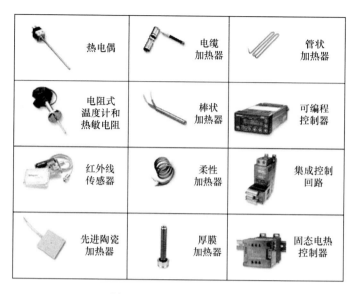

图 B-1　瓦特隆的产品系列

精益转型启航

在过去的 40 年里，瓦特隆实施了多项持续改善计划，包括全面质量管理系统（TQMS）、质量圈和六西格玛。尽管每一项都曾带来暂时的成效，但遗憾的是，它们都未能持续。多年来，我们尝试了各种改善措施，逐渐形成了一种"每月读书会"式的企业文化。坦率地说，员工们对我们是否能够真正承诺并坚持长期行动充满疑虑。

2004 年中期，随着第二次 TQMS 计划的失败，我们的高级领导团队开始进行深刻反思。我们参访了那些成功实施改善计划的公司，并从中汲取了宝贵的经验。在乔治·科尼塞克的鼓励下，我们决定启动一次类似丰田的精益转型。

2005 年年初，瓦特隆在 7 家工厂迅速启动了精益计划，并设定了一个雄心勃勃的目标：在年底前举办 150 场改善周活动，并指派 60 名员工全职从事精益改善工作。这种"闪电战"方法强调尽快让尽可能多的领导者参与尽可能多的活动，与以往的做法截然不同，它为我们提供了重要的学习机会。这一举措激发了巨大的热情，在转型的早期阶段，我们就在安全、质量和交付方面取得了显著的进步。

瓦特隆洞见

用行动改变思维方式比用思维改变行为方式要容易得多。

——乔治·科尼塞克

我们曾尝试通过培训和开发新系统来改变企业文化，但效果不佳。后来，我们改变了策略，让员工迅速参与到快速改善活动中，取得了更大的成功。这些活动减少了课堂培训，更注重"边做边学"的理念。参与者很快就体会到了精益的力量，成为精益的信奉者和倡导者。

然而，随着 2006 年的到来，最初的激情逐渐消退，成果也不再如预期般理想。我们进行了深刻的反思，认识到仅仅开展改善活动已不足以推动公司向前发展。虽然瓦特隆在表面上开始使用精益语言，但在内心深处，我们仍然固守于传统的思维和行为模式。显而易见，我们必须更全面地描绘并积极拥抱这种新文化，否则我们的改革努力将陷入停滞，正如"每月读书会"成员所预见的那样（见图 B-2）。

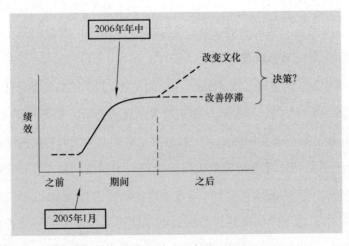

图 B-2　瓦特隆的决策——改变文化或改善停滞

过去，高层领导曾试图通过在墙上张贴光鲜亮丽的价值观、愿景和使命宣言来塑造瓦特隆的企业文化，但这些理念从未在组织中真正落地生根。我们深刻地认识到，这一次，要想成功，必须采取一种全新的策略。这一策略不仅要赢得全球员工的广泛支持，还要明确界定那些对瓦特隆持续精益发展至关重要的价值观、原则和行为准则。

在 Simpler 咨询公司创始人埃德·康斯坦丁的协助下，我们设计了一项方案，召集了来自不同岗位、背景和地区的 50 名瓦特隆团队成员，他们代表了我们广泛的员工群体。这个团队每月集结两天，持续数月，肩负着三项重要使命：

1. 深入研究和反思我们的历史，真正理解我们的身份，并从过去的文化变革尝试中汲取宝贵经验。

2. 制定文化的未来状态。

3. 制订并执行计划，创建全新的企业文化。

尽管我的高管团队表达了支持，但团队中依然存在明显的忧虑。我们的项目缺乏明确的时间表、清晰的流程和切实可见的交付成果，给人一种无序松散的感觉。更令人不安的是，我们似乎放弃了对方向的掌控，将决策的重任交给了一个由 50 人组成的团队。作为 CEO，我虽然拥有最终决策权，但我深知，独断专行可能会扼杀整个过程。这是每位领导者职业生涯中必经的关键时刻，即使内心充满疑虑，也必须义无反顾地向前迈进。最终，我们选择了勇敢前行。

在接下来的六个月里，这个团队每月召开一次会议，他们在会议间隙分享上次会议的洞察，并收集下一次会议的意见。出乎意料的是，我们无意中利用了组织中最强大的沟通工具——流言蜚语。随着会议的深入，团队成员逐渐意识到瓦特隆对变革的坚定承诺，以及他们对成果的影响力，这极大地提升了团队的热情和参与度。

在引领整个变革的同时，我深感荣幸能够得到埃德·康斯坦丁的鼎力支持。我们主要采用了 A3 工具来组织和推进工作，这是一种在精益组织中广泛应用的问题解决和沟通工具。A3 工具最初对我们来说是新奇的，但它很快成为我们文化的一部分，它不仅是一种工具，更是我们共同思考、领导和协作的生活方式。

随着项目进入尾声，我们对工作的热情达到了前所未有的顶峰，对 A3 成果的期待也日益迫切。核心团队成员急于分享他们的成果，甚至有时我们难以确保传递的文件是最新版本。在那一刻，我仿佛看到了我们的工作成果如病毒般迅速传播。我也开始意识到，将未来状态的定义交给这个看似随机挑选的 50 人小组的疑虑是多余的。实际上，这个团队所取得的成果远远超出了我和高级领导团队的预期。这次经历让我深刻理解了精益领导者的真正角色。

瓦特隆洞见：团队的力量

在这次变革之旅中，我曾认为作为 CEO 需要掌控所有重大决策。然而，我逐渐领悟到，一个拥有准确信息、充足时间和适当资源的团队，几乎总是能够制定出超越个人智慧的卓越解决方案。当执行的号角吹响时，那些拥有共同目标和信念的团队将展现出无与伦比的行动力。作为 CEO，我的角色也在这一认知的引领下，悄然转变。

瓦特隆之道

经过六个月的辛勤努力，我们最终完成了图 B-3 中展示的 A3 报告——如今被誉为"瓦特隆之道"。这份报告内容丰富，我将不再一一展开，而是选取几个关键亮点与您分享。

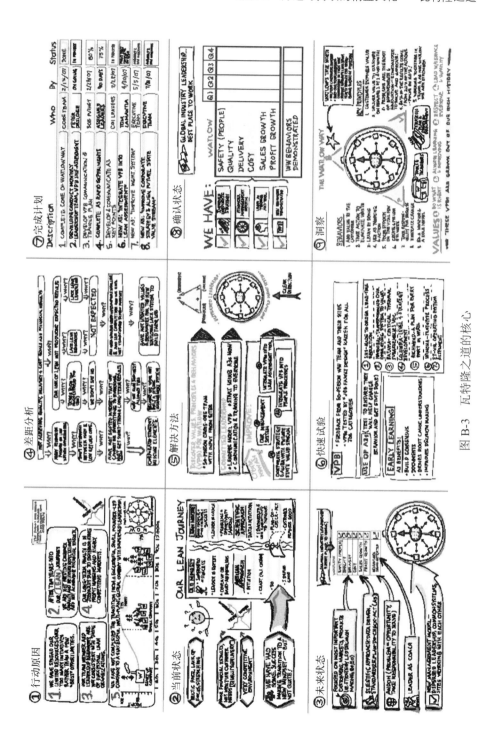

图 B-3　瓦特隆之道的核心

在第一框"行动原因"（见图 B-4）中，我们清晰地认识到，我们未能达到预期目标，且我们的行为并未真正体现出精益组织应有的特质。

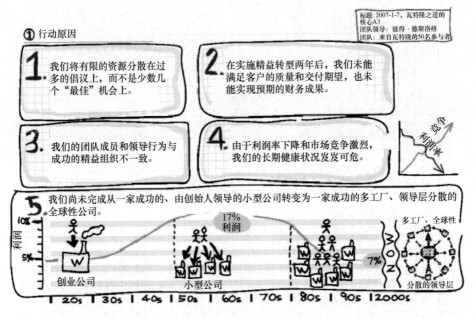

图 B-4　第一框：行动原因

第二框"当前状态"（见图 B-5）为我们描绘了一幅清晰的组织自画像，反映了活动开始时我们的实际状况。团队成员承受着巨大的压力，因为精益活动的推进不仅增加了工作负担，而且目标和方向也显得模糊不清。我们仿佛站在一道鸿沟的边缘，渴望从传统思维跃向精益思维，但却不知如何跨越。这些对旧有行为和精益行为的描述，至今仍然在我们心中引起共鸣。

第三框"未来状态"（见图 B-6）阐述了我们希望融入组织的五大核心理念：

1. 更精准的市场定位和一致性。

2. 广泛应用科学方法来识别和解决问题。

3. 普遍应用"安灯"概念（见附录 A），以发现和抓住机会。

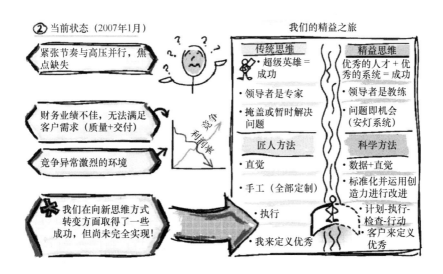

图 B-5　第二框：当前状态

4．确立领导者的核心职责——指导与支持。

5．实施经过改善的分散式管理系统，即今日的瓦特隆商业系统。

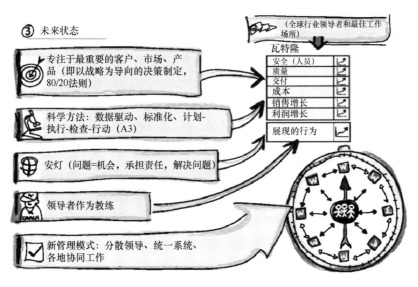

图 B-6　第三框：未来状态

我们坚信，一旦这些理念得以落地生根，行为模式必将发生改变，我们将更接近实现那些至关重要的目标——在安全、质量、交付和成本方面取得全面突破。

在为期六个月的探索旅程中，我们通过一系列深入的讨论与辩论，共同描绘出瓦特隆的精益行为蓝图。这些讨论的精华被我们精心整理，汇集在第九框"洞察"之下（见图B-7）。这一切的核心，源自我们共同追求的目标——瓦特隆的真北目标（见第3章）。为了实现这一目标，我们确立了四项基本价值观和五项核心原则。我们深信，当这些价值观和原则被广泛接受并付诸实践时，所期望的行为模式将自然而然地形成。

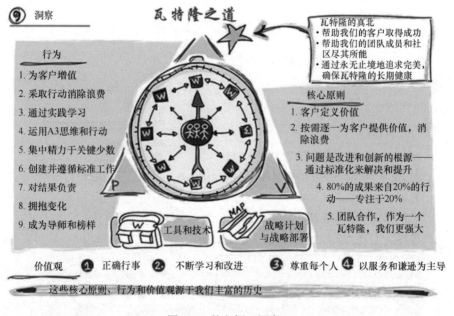

图B-7 第九框：洞察

这些价值观、原则和行为准则，与我们的精益工具和战略计划相结合，共同铸就了引领我们航向"真北"的罗盘，指引着我们在精益之旅中稳步前行。

瓦特隆之道的实施：塑造行为模式

瓦特隆之道的推广启动

随着六个月的 A3 项目圆满落幕，我们立即着手规划瓦特隆之道的推广策略。起初，我们计划采用传统的大型项目推广方式，包括印制宣传海报、群发电子邮件和制作便携式塑料卡片等。可以说，我们的设想是打造一场企业盛典。

然而，经过深思熟虑，我们意识到最有效的推广方式是领导者以身作则，展现我们希望他人遵循的行为模式。因此，我们放弃了传统的自上而下的沟通方式，转而赋予各职场领导者更多自主权，让他们负责制订适合各自团队的推广计划。而我们高管团队的职责已经转变为支持各地团队，协助他们顺利实施瓦特隆之道。

为了激发团队成员的积极参与，我们决定采用一种新的呈现方式，取代常规的 PPT 演示。我鼓励团队成员深入探讨第九框的内容，理解这些内容对团队及个人的具体意义，并通过个人故事的形式与他人分享这些洞见。随后，我们分成两人小组，带着这些故事参与到各职场的推广日活动中。

这些个人故事受到了热烈欢迎。最初的陌生感很快消散，领导者开始享受这个过程，他们的热情和活力也逐渐感染了当地团队成员，场面就像是一场大学橄榄球赛的动员大会。在第一轮会议结束时，各地的领导者被鼓励创作自己的故事，并将这些信息传递给他们的团队。

到了 2007 年中期，瓦特隆之道的价值观、原则和行为准则已经深入人心，它们出现在塑料卡片、海报以及人们电子邮件的签名栏中。A3 项目成为热议话题，大家都在思考这些理念对他们个人意味着什么。

瓦特隆洞见：时机与拉动的力量

我们曾数次尝试在组织尚未准备就绪时强推变革，但这些自上而下的努力要么以失败告终，要么收效甚微。相反，我们通过向小型跨职能团队介绍新理念，并允许他们自主发展和验证这些概念，取得了显著成效。随着这些团队和概念开始生根发芽，他们的同伴看到了正在发生的一切，并渴望参与其中。由此产生了一种由内而外的拉动效应，这种内在驱动力使得这些新举措迅速在整个组织中传播开来。

践行行为（言行一致的领导力）

在瓦特隆，我们坚信领导者必须以身作则，展现他们期望他人遵循的行为。为推动这一理念，我在每次月度高管团队会议中都安排专门时间，讨论我们如何有效地实践瓦特隆之道，并根据 1～10 的评分标准（10 分代表"始终展现"）来评估我们对这些价值观、原则和行为准则的践行程度。此外，我们的季度自评结果会向全公司公布（见图 B-8）。

瓦特隆之道行为展示	3.8	3.1	2.9	3.1

图 B-8　2007 年高层领导的自我评估结果（1～10 分）

2007 年，随着团队对这些行为背后深层含义的理解加深，我们的季度评分出现了下降。这些自我评估和坦诚的讨论旨在促进团队间的相互学习和责任感，同时向整个组织传达一个明确的信息：瓦特隆之道至关重要，领导者们正在通过自我约束确保这些原则得以实际践行。这种做法赢得了组织成员的高度关注和认可。

除了每月的自我评估，每位团队成员还设定了每月的瓦特隆之道沟通目标，这些目标也成为他们绩效评价的重要组成部分。

瓦特隆之道与人才流程的整合

瓦特隆之道一经推出，我们立刻意识到，组织中大多数与人员相关的流程和我们倡导的文化并不相符。我们的招聘和选拔流程、薪酬体系、绩效管理等人力资源流程，都是基于不同理念构建的。

此外，我们还清楚地认识到，尽管我们都认为自己从概念上理解了瓦特隆之道的行为准则，但这些行为准则还不够全面，无法有效传达对"优秀"的共同期望。要将这些行为准则进一步细化，并彻底重建整个人才体系，显然是一项艰巨的任务。

在瓦特隆之道启动前夕，为了提升我们的招聘流程，人力资源团队开始尝试使用由 DDI（Development Dimensions International）提供的基于行为的目标选才工具。DDI 拥有一套强大的现成工具，这些工具源自全球公司多年的研究成果，能够为各类人力资源流程提供支持。

人力资源团队在体验了 DDI 目标选才工具后，决定将其作为人力资源流程的平台。面临的挑战是如何将瓦特隆之道的价值观、原则和行为准则与正确的 DDI 标准维度联系起来。为此，我们组织了一次快速改善活动，邀请了包括业务运营副总裁、首席财务官、人力资源副总裁在内的高层领导，以及来自组织各层级的领导代表，共同参与维度的选择。

最终，我们选出了与瓦特隆之道行为相对应的 10 个 DDI 维度（相当于行为），并确定了 6 个职位族群，说明了每个职位族群适用的维度。

接下来，我们开始重建人力资源流程，确保它们与瓦特隆之道的文化和理念保持一致。

沟通：我们对内部网站进行了全面更新，以推广瓦特隆之道，并每隔一周邀请一位团队领导撰写一篇关于价值观、原则或行为准则的个人短文。此外，为了激励团队成员访问网站，我们推出了一系列瓦特隆之道的主题竞赛。同时，我们的月刊《瓦特隆世界新闻》（*Watlow World News*）也焕然一新，体现了瓦特隆之道的精神。

认可：我们开始实施一项月度表彰计划，允许任何成员提名那些展示瓦特隆之道行为的同事。我们每月都会从中挑选出一些成员，在全公司范围内进行表彰。

招聘：我们试行了 DDI 目标选拔方法，并为领导岗位制定了标准化的面试问题和期望答案。这一流程基于行为，通过考察候选人过去的行为来预测其未来的行为模式。最终，该流程被公司全面采纳。

员工发展：我们将瓦特隆之道的培训内容整合到"发展路线图"和改善活动的标准工作中，并重申了年度目标，旨在提升员工参与改善活动的比率。

领导力发展：我们结合 DDI 工具和维度，制订了一项正式的领导力发展计划。该发展计划为期六个月，采用"计划——执行——检查——行动"（PDCA）的闭环流程，内容包括 360 度评估、发展计划、培训、研讨会和持续反馈。

绩效管理：我们简化了绩效评估流程，除了评估目标达成和个人发展外，还增加了三个与瓦特隆之道相关的关键问题：

1. 您如何展现瓦特隆之道的行为准则？

2. 您如何理解和运用瓦特隆之道的关键原则？

3. 您如何践行瓦特隆之道的价值观？

继任管理：我们建立了一个流程，用于制定和审查全公司所有 1～3 级职位的继任计划，过程中包括对成果和瓦特隆之道行为的评估。

现场转型计划：我们为所有职场制订了瓦特隆之道的转型计划，每半年更新一次，旨在加强各职场的瓦特隆之道文化。

任务控制：我们为所有价值流、职场和整个企业建立了每月可视化的"任务控制"流程。在每次"任务控制"会议中，我们都会审查现场转型计划，并在必要时制定纠正措施。

A3 工具应用：我们广泛采用 A3 工具，以促进"计划——执行——检查——行动"的循环思维方式。A3 工具的应用涵盖了战略部署、个人发展计划、问题解决和改善周活动。

瓦特隆洞见：A3 思维的力量

我们已经使用带有"计划——执行——检查——行动"循环的 A3 报告数年，并且注意到我们的决策能力有了显著提高。我们开发了一种标准的 9 个问题格式和工具，帮助团队成员开发 A3 报告，并协助领导者指导成员完成报告。

对于瓦特隆来说，A3 报告的三个重要经验是：

1. 明确 A3 报告的范围，确保在六个月内完成，以强调快速学习循环的重要性。

2. 鼓励基于团队的 A3 报告，促进开放式协作。

3. A3 报告是帮助员工学习和发展的强大工具，因此指导 A3 的开发至关重要。

激发我们团队的热情与智慧

在 2007—2008 年，我们精心开发并实施了一系列人才管理流程。正如许多新举措一样，在瓦特隆之道启动和新流程实施初期，大家都热情高涨，积极接受。然而，随着 2008 年结束，我们面临目标完成情况不佳、团队表现参差不齐，以及全球经济衰退的严峻挑战。于是，我们决定开展改善周活动，以找出不尽如人意的根本原因。

活动揭示了单元改善的持续性问题，部分原因在于我们的单元缺乏足够的精益专业知识、支持资源不足，以及团队成员感觉改善是"强加于"他们的，而不是由他们主导的。

在活动期间，团队运用了鱼骨图分析法，列出了以下维持和推动日常改善所需的关键要素清单：

1. 必须使用标准工作和可视化管理，以便识别浪费。

2. 团队成员必须拥有基于团队、根本原因解决问题所需的工具和培训。

3. 单元内的团队成员必须拥有进行实时改进所需的时间和支持资源。

4. 团队成员必须积极参与并对执行的任务负责，同时对流程纪律和结果负责。

5. 必须建立一个操作系统，团队可以通过该操作系统根据预期标准或目标发布实际绩效指标。

6. 领导层必须给予认可和支持。

团队成员普遍认为，在转型的最初四年中，我们以活动和工具为驱动的改善方法已经让所有成员参与其中。如果我们能够在所有流动单元中成功地建立这些要素，便能调动团队成员的思维和热情。

回顾这次活动的成果，我们逐渐意识到，我们对卓越领导力的传统观念已经发生了根本性变化。

瓦特隆洞见：领导力

传统上，在瓦特隆成为领导者的人都是英雄或专家，他们拥有解决问题的答案，并通过各种手段完成任务。然而，这次活动提醒我们，客户价值是通过一线单元（无论是生产还是非生产单元）创造的，而领导层的主要职责在于支持和培养这些单元中的人员和流程。作为首席执行官，当我反思自己投入了多少时间支持和发展那些为客户创造价值的成员时，我意识到自己做得远远不够。

2009 年年初，我们在美国的所有工厂推出了具备这些关键要素的示范单元，并将这一新增内容称为"日常改善管理"，进一步推动瓦特隆之道的全面实施。

人才培养和领导力发展

随着"日常改善管理"（Managing for Daily Improvement，简称 MDI）的引入以及对瓦特隆领导力的新洞察，我们对人才培养的重视达到了前所未有的高度。我们现在清楚地认识到，如果不持续提升 2 000 名团队成员及其领导者的技能，就无法成功地维持或推动持续改善，仅依靠少数技术娴熟、充满激情的英雄人物是远远不够的。

2009 年，作为 MDI 的一部分，瓦特隆开始更加注重一线员工及其直接主管的培训和发展。我们在北美的每个设施都建立了一个"示范单元"，并开展了两种主要的培训。首先是"回归基础培训"，由经验丰富的产品工程师为所有示范单元成员提供课堂式培训，无论他们的资历如何。正如您所料，这种培训本质上是基础性的，内容包括基本热传导原理和产品设计。随后，通过为所有单元制造流程设计标准工作文件，将培训内容付诸实施。随着知识的不断积累，标准工作文件也在不断完善和改进。此外，主管们还接受了额外的实际问题解决培训，并被鼓励在示范单元中实时解决问题。

其次，我们引入了"一线主管技能训练"（Training within Industry，简称TWI）方法论，作为快速培训团队新成员的工具。TWI 起源于二战时期，并在丰田得到了改进。瓦特隆首先在密苏里州圣路易斯的工厂建立了专门的培训单元，一级和二级主管们接受了该方法论的培训，并在培训单元中进行了实践。初步成效令人鼓舞：不仅培训时间减少了 50%以上，新员工第一年的保留率也提高了 70%以上。

团队成员对这一培训反响热烈，令人振奋。此外，质量和按时交付指标在一年内提高了 25%以上。通过对前线人员知识和技能的重点培养，我们不仅提升了绩效，也极大地激励了团队士气。展望未来，我们相信这项工作将成为瓦特隆持续精益之旅的坚实基石。

多年来，我们已经实施了许多常规的领导力发展流程，比如继任计划、绩效管理和个人发展计划。尽管这些流程在一定程度上起到了作用，但它们往往只是例行公事。我们的新领导力模型更加注重服务型领导，要求所有领导者积极支持、指导和辅导一线的改善活动，这促使我们必须采取更为积极的发展策略。

2010 年，瓦特隆为领导层和支持人员设计了一个认证计划。在 Simpler 咨询公司的支持下，我们设立了铜牌、银牌和金牌三个级别的培训，这些级别代表了精益知识和技能发展的递增水平。这些计划与我们的 MDI 倡议相辅相成，旨在为领导者提供必要的技能和能力，以支持公司各个层面的发展。瓦特隆将参与改善周作为精益知识获取的代表途径。2010 年，我们将领先指标从单纯计算参与活动人数改为计算参与三次或以上活动的人数。我们的假设是，参加第三或第四次活动将增强人们对精益原则和工具的理解，从而提升他们在活动中增加价值的信心。

2009 年，我们启动了领导力发展轮岗计划，以吸引和培养年轻人才。我们成功地招募了一批新毕业的工程专业学生，安排他们在入职头两年进行一系列轮岗任务，以便接触不同的产品、客户和工作地点。更重要的是，他们在每次轮岗过程中都会学习瓦特隆之道。我们在 2010 年再次实施了这一做法。

随着企业文化日益强大和独特，我们发现从外部招聘领导者变得更加困难。我们的数据表明，内部晋升的领导职位候选人成功胜任下一职位的概率是外部招聘人员的 4 倍。因此，我们发现为外部候选人建立一个健全的选拔和融入流程，并在人才培养上投入大量精力，显得尤为重要。

过去两年，我们的选拔流程得到了显著提升。我们不仅提升了基于行为的选拔技能，还更深入地理解了在瓦特隆取得成功的人才类型。此外，我们对所有中高层领导的招聘过程都要进行外部评估，这已成为我们选拔流程的标准步骤。

选对人才只是确保外部招聘成功的第一步。接下来的挑战是帮助新员工融入我们的企业文化，并培养他们所需的瓦特隆之道的相关技能，以确保他们的成功。瓦特隆的沉浸计划根据不同的组织级别有所不同。对于高层领导，我们制订了定制化的沉浸计划，包括有针对性的入职培训，旨在帮助新员工快速熟悉公司。这个过程主要分为四个方面：第一，我们为新员工分配了一系列书籍和文章作为预读材料，最好是在入职前完成，以帮助他们对精益和丰田生产方式的原则有一个高层次的理解。第二，新成员将接受深入的瓦特隆商业系统培训，了解我们的业务运营流程和工具。第三，新成员将访问瓦特隆的不同场所，与领导团队会面，并熟悉产品和客户。第四，新员工将与组织中的各职能部门领导举行一系列会议，理解职能部门与商业系统之间的关系。总的来说，这个过程需要个人和公司共同投入大约两个月的时间。

成果

在过去五年中，瓦特隆取得了显著成果：

1. 安全：伤害率降低了 75%。

2. 人才培养：超过 75% 的员工参与了至少一次改善活动，超过 50% 的员工参与了两次或更多次活动。

3. 质量：质量逃逸率减少了 60%。

4. 交货：产品交付时间显著缩短（尽管我们多次调整交付指标以获得更客观的衡量标准，但平均产品交付时间已大幅缩短）。

5. 成本：劳动生产率提高了 34%。

6. 股东价值：盈利能力提高了 70%，资产利用率提高了 20%。

可持续发展的挑战

经过近六年的转型，瓦特隆的企业文化发生了积极而深刻的变化（见图 B-9）。如今，我们的团队成员不再将精益或瓦特隆之道视为一时的潮流。从一线员工到高管团队，瓦特隆之道的理念已经深入人心。我们也看到越来越多的成员积极参与到持续改善中来。

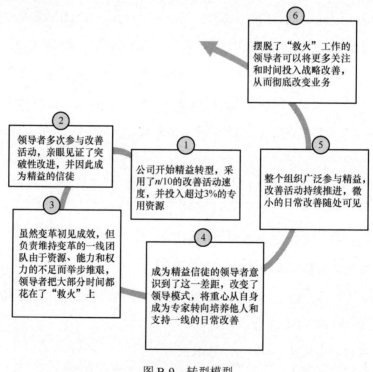

图 B-9　转型模型

尽管我们对目前的成果感到满意，但我们深知转型的脆弱性。如果稍有懈怠，六年来的辛勤努力可能在短短六个月内付之东流。

一些团队成员已经成为瓦特隆之道的坚定支持者，他们坚定不移地走在精益发展的道路上，誓不回头。因此，我们面临的挑战是培养更多的"信徒"，以确保瓦特隆的精益发展永不止步。这绝非易事，因为我们的员工队伍和瓦特隆之道一直在不断变化。特别是随着我们致力于实现两位数的增长目标，每年都有大量新人加入我们的团队。对瓦特隆来说，这意味着我们需要加快学习和人才培养的步伐。

附录 C

瓦特隆企业可视化管理系统——任务控制

汤姆·拉曼提亚（Tom LaMantia）

瓦特隆公司总裁

要了解我们的企业可视化管理系统（我们称之为"任务控制"），首先需要了解我们所说的"瓦特隆商业系统"（Watlow Business System，简称 WBS）。这个系统涵盖了我们经营业务的方方面面，是我们日常运营的核心。我们花了多年时间才深入理解商业系统的真正含义，并且每天都在不断学习。图 C-1 中的简要插图展示了 WBS，它本质上是一个最高级别的"计划—执行—检查—行动"（PDCA）流程。该系统旨在制定和部署战略（计划），执行行动以实现战略（执行），监控行动的有效性（检查），并在行动未按预期交付时提供对策（行动）。

任务控制流程可以在以下四个方面为我们提供帮助：

- 战略制定和对齐（计划）。

- 执行行动以实现战略（执行）。

- 达成目标绩效（检查）。

- 改善/对策（行动）。

我们还发现，可视化管理系统使我们能够更有效地传达战略，并提升实现战略的能力。

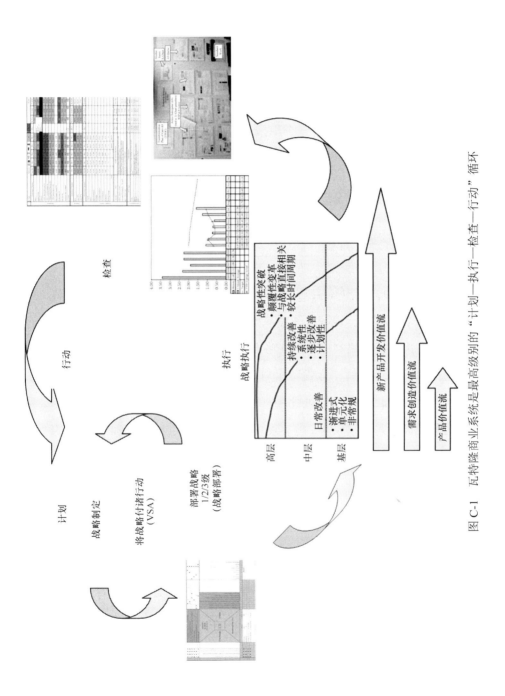

图 C-1　瓦特隆商业系统是最高级别的"计划—执行—检查—行动"循环

企业任务控制流程主要集中在 PDCA 循环中的"检查"和"行动"部分，但它同样对"计划"和"执行"部分产生显著影响。从本质上讲，任务控制的目的是确保战略制定、战略执行、反馈系统和对策流程到位并有效运作。我们已经深刻领悟到（有时是通过艰难的教训），这是一个系统，必须整体运作。当系统中的任何一个组成部分出现故障时，整个系统都会受到影响。因此，我们必须尽可能靠近故障点进行检测，以确保持续瞄准并实现目标。

瓦特隆任务控制流程

瓦特隆自 2007 年开始实施任务控制流程，随着精益之旅的不断成熟，我们持续改进和完善这一流程。瓦特隆商业系统（WBS）的目的是确保我们的所有行动都能支持战略制定或与战略方向保持一致。虽然我们对 WBS 的具体运作方式并不完全了解，但我们深知，变革是唯一可以依赖的常态，无论计划多么周密，始终需要定期进行纠正和调整。为了有效管理变革，我们需要深入理解变革的内容和原因。随着理解的加深，我们逐渐发现，循环中的"检查"部分并不如我们预期得那样强大。我们并不总是能够确定哪些数据是重要的，有时甚至很难获取这些数据。更重要的是，我们并不总是能够清楚理解这些数据所传递的信息。因此，我们判断商业系统是否按预期运行的能力并不稳定。

"任务控制"一词给人鲜明的视觉联想，成为我们用来指代商业系统可视化管理的术语。很多人可能看过二战时期的老电影，片中常常有陆军或海军高级军官围绕战场模型商讨战略，他们用长棍在棋盘上调动部队和装备，根据战况制定对策。从概念上讲，这与我们在业务中所做的工作如出一辙。我们的"任务控制"就是执行计划，确保预期发生的事情正在发生，并在事情未如预期时，快速找到行动对策，确保恢复正轨。为了使后续计划更加有效，我们还在不断总结经验教训。我希望在开始实施计划时已有清晰认识，但事实并非如此。显然，"边做边学"在这里发挥了作用。

最初，我们重点关注财务、安全（S）、质量（Q）、交付（D）和成本（C），以提升生产运营绩效的透明度。我们还决定每周从战术层面、每月从战略层面评审我们的运营绩效。设定每周和每月的节拍时间至关重要，这不仅能确保我们关注短期成果，还能实现长期战略目标。随着我们的不断成熟，评审的时机和意图保持不变，但我们试图对其进行平衡，以更好地理解需求创造和新产品开发流程与生产流程之间的相互关系。在持续学习的过程中，我们对不断变化的商业环境变得更加敏锐，并且预测这些变化的能力也在不断提升。

每周任务控制

领导团队每周举行一次 90 分钟的虚拟会议，确保全球各地的成员都能参与，重点评审关键绩效指标（KPI）看板上的各项指标。这些指标源自我们的真北指标（见第 3 章），并与我们的战略保持一致。这是一场站立形式的会议。评审前一天晚上，关键财务指标和其他数据会上传到系统。除远程参与者外，大家不会使用电脑。我们发现，站立会议有助于保持专注和高效。每位业务负责人有 6 分钟时间汇报进展，重点说明计划中的变化，无论是积极的还是需要改进的。我们的目标不是在会议中解决个别站点的问题，而是关注各站点学到了什么，以及采取了哪些对策。我们保持这种节奏，以确保始终专注于各业务部门的关键事项。每周任务控制会议看板见图 C-2。

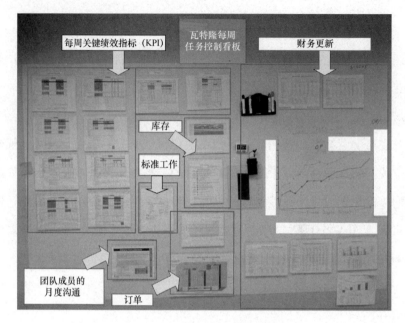

图 C-2　每周任务控制会议看板

　　我们通过"得分表"、图表和表格来突出与计划的偏差，并使用颜色进行快速识别。我们最初使用红、绿、黄三种颜色，但很快只保留了红色和绿色。我们发现，尽管多次尝试定义，但黄色的真正含义仍难以确定。我们不对红色和绿色进行价值判断。也就是说，绿色和红色并不表示好坏。绿色表示达到了计划要求。红色表示出现了异常，是一个改进和学习的机会。绿色也为我们提供了学习正确做法的机会。

　　如图 C-3 所示，每周任务控制 KPI 得分表包含安全（S）、质量（Q）、交付（D）和成本（C）四个指标和目标，以及销售漏斗的发展趋势和本周客户需求刺激活动的视图。它还包括对进展不如预期的指标采取的对策，得分表类似于棒球比赛的统计总表，它不仅反映了业务的整体状况，还帮助我们更战略性地审视整个业务。过去，我们曾将 SQDC 与需求创造数据分开来看，但现在我们认识到它们是一个完整的系统，独立看待会导致错误行为，并增加业务不一致的风险。

场所

圣路易斯

指示符　○○　⬤⬤　⇧⇧　⬆⬆　⬛

安全、质量、交付、成本

绩效指标	上个月	第一周	第二周	第三周 X	第四周 X	第五周 X	季度（预测）	年度（预测）	年度（年度运营计划）
安全							2.5	1.8	1.8
质量（百万分率）	2 634	3 444	5 461	1 398	3 737			3 000	2 182
交付：						谢尔 RMA 3517 古德里奇/CAT 43件 未烧烤的单元			
按时交货率-关键和倡导客户（%）	78.9%	75.7%	77.5%	79.0%	76.4%		85.0%	92.0%	92.0%
准时交货率-核心和一般客户（%）	90.1%	87.2%	89.5%	90.3%	80.3%		94.0%	95.0%	95.0%
按时交货率-修改标准报价（%）	97.0%	100.0%	100.0%	100.0%	100.0%		95.0%	95.0%	95.0%
按时交货率-定制报价（%）	100.0%	N/A	N/A	N/A	100.0%		95.0%	95.0%	95.0%
新设计整体交付率（%）	11.6%	0.0%	0.0%	17%	15%				
生产率（$）	$108	$123	$94	$108	$106		104	107	109
逾期金额（$）	$544	$289	$243	$283	$251		<$150K	$100K	$100K
库存供应天数	68.0	64.5	66.4	65.6	66.9		66.1	61.5	67.8
长期趋势	⇧			⬆ ⬛	⇧	⇧	⇧	⬆	⬆

每周财务预测

绩效指标	年初至今	第一周	第二周	第三周	第四周	第五周	季度（预测）	年度（预测）	年度（年度运营计划）
销售额（$）	$23 567	$3 066	$3 066	$3 066	$3 048		$9 315	$38 316	$33 526
精益运营利润（$）	$4 827	$530	$530	$530	$530		$1 435	$6 998	$5 705
精益运营利润率（%）	20.5%	17.3%	17.3%	17.3%	17.4%		15.4%	18.3%	17.0%

月份：

图 C-3　每周任务控制 KPI 得分表

171

销售漏斗

绩效指标		上个月	第一周	第二周	第三周	第四周	第五周	季度（预测）	年度（预测）	年度（年度运营计划）
客户数量	概念	$8 540	$8 540	$8 540	$8 596	$8 616				
	报价	$7 390	$7 390	$5 050	$4 991	$4 991				
	报价评估	$7 390	$7 400	$7 380	$7 583	$7 596				
	原型	$11 720	$11 730	$11 730	$11 702	$11 702				
	原型评估	$2 540	$2 560	$2 050	$2 052	$2 052				
	前期生产	$5 090	$5 040	$5 660	$5 393	$5 363				
	生产	$240	$239	$239	$240	$239				
	排名平均值	3.3	3.3	3.3	3.3	3.3				
	总计				$48 816	$48 793				

每周增长活动

客户阶段	本周增长活动	区域 排名	计划 排名	12 个月 营收	截止日期
				$400K	
AMAT（讨论与概念开发）	团队正在为晶圆退火应用的真空吸盘完善着任解决方案，以便向应用材料公司（AMAT）进行展示				
自动化包装系统（前期生产）	随着客户继续评估原型，团队正在评估对 Ultramic 加热器边缘进行倒圆圆角的实用解决方案	4	3	$504K	10月10日
Ipeco（原型评估）	9月13日客户来访（赛尔维/施罗曼）	5	4	$352K	1月11日

对策

类型	根本原因	对策	负责人	开始	结束	即时改善/事件项目
质量		针对设计（制造）以及"误操作""因素制定的预估对策	E.谢尔伯格	6月10日	9月20日	项目
交付		在第三季度末执行资产剥离计划	M.杜克	7月10日	9月10日	即时改善
交付		使目标与重点保持一致（减少对非战略性产品的强调）	M.杜克	7月10日	7月10日	即时改善
安全		为切断锯的进料设计新的模具	S.麦肯齐	7月10日	7月10日	即时改善

图 C-3 每周任务控制 KPI 得分表（续）

每周更新的财务信息会发布在任务控制看板上（见图 C-4）。基线是根据我们称之为"冻结预测"的季度预测制定的。每周，我们会根据新数据或行动更新收入和营业利润数字。换句话说，我们以季度预测为基线，每周对财务结果的变化进行预测和调整。为了更好地支持季度预测，我们还引入了销售与运营计划流程（Sales and Operation Planning，简称 S&OP）。由于采用了这些流程，无论每周还是每季度，我们几乎没有财务上的意外。

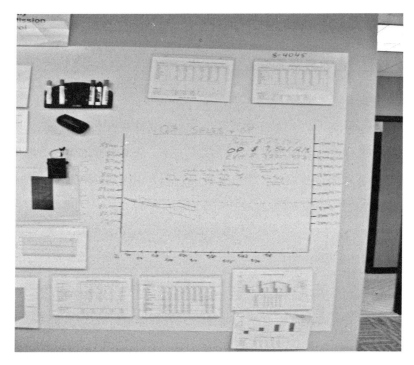

图 C-4　任务控制看板

月度企业任务控制

领导团队每月还会举行一次为期两天的全面业务评审会议。这场战略会议由所有美国地区的领导者亲自参加，国际领导者则通过电话进行信息更新，时间安排会根据时区差异进行调整。我们还要求欧洲和亚洲的总经理每季度至少亲自参加一次。

月度任务控制流程的核心目的是了解和管理每月影响业务绩效的关键指标，同时确保产品业务线（LOBs）、需求创造和职能部门与企业战略保持一致。我们正在努力评估当前流程中哪些有效，哪些无效。系统性和战略性的问题被识别出来，并为其制定了相应的对策。这一切都遵循瓦特隆商业系统的"计划—执行—检查—行动"（PDCA）流程。

第一天：企业任务控制

在第一天，我们重点审查与战略紧密相关的业务执行（见图 C-5）。我们会回顾真北指标（图 C-6），这些是从客户和业务角度确定的关键长期成功指标。当出现特定业务需求时，我们会深入研究个别指标，比如质量和供应链（图 C-7）。此外，我们还会使用 X-Box 矩阵来审查战略部署。

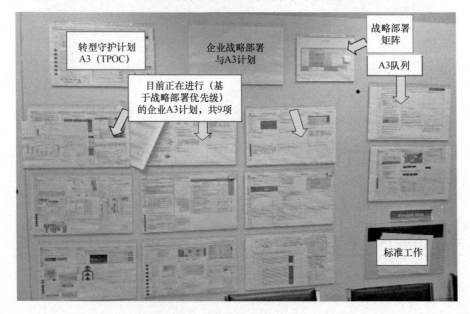

图 C-5　月度会议，第一天议程

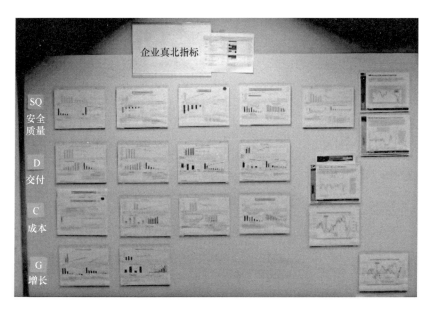

图 C-6　真北指标

图 C-7　供应链任务控制看板

审查真北指标时，我们的真正目标是确保以正确方式改善流程，从而实现并持续所需的改进。战略部署的意义在于明确我们为实现战略目标所采取的具体行动。具体来说，就是确定在未来 6 个月内，我们将从人员和流程方面做出哪些改变，以推动增长战略的执行。此外，我们还通过转型守护计划（Transformation Plan of Care，简称 TPOC）讨论精益转型。比如，关于转型，我们有哪些最新洞见和学习？我们的进展如何？下一步需要做什么？这一切都围绕着"以正确的方式做事"的理念展开。在战略部署和 TPOC 部分的审查中，我们利用 A3 工具来界定问题范围，识别当前和未来状态，并制定从当前状态过渡到未来状态的解决方案。

在这两天的会议中，我们的目标是识别出需要额外关注和改进的流程或领域。一旦发现这些领域，我们会将它们添加到滚动行动项目列表（Rolling Action Item List，简称 RAIL）中（见图 C-8），并指定负责人。负责人将在下一次月度任务控制会议上报告行动项目的进展情况。第一天的议程安排见表 C-1。

图 C-8　滚动行动项目列表

表 C-1 第一天的议程

企业任务控制：第一天议程		
每周财务更新和总体审查	7:30～8:00	Steve
供应链	8:00～9:00	Paul
休息	9:00～9:15	
大客户管理	9:15～11:00	Chad
HPS		
TK		
高级管理纠正行动委员会（ECAB）	11:00～12:00	Paul
午餐	12:00～13:00	
滚动行动项目列表（RAIL）	13:00～13:30	Tom
真北指标	13:30～14:30	指标负责人
转型守护计划（TPOC）	14:30～15:00	Steve
休息	15:00～15:15	
企业 A3 工具	15:15～17:00	A3 负责人

第二天：企业任务控制

第二天的会议主题是增长。我们花时间审查了北美、欧洲和亚洲的需求创造活动（见图 C-9）。市场营销和销售部门分别汇报了各自的战略部署进展（A3）和客户活动的执行情况。市场部讨论了在识别有潜力的市场方面所取得的进展，而销售部则重点分析了销售漏斗的增长情况、讨论了赢单和丢单的原因以及客户趋势等内容。在本次会议中，我们还会花几个小时讨论和辩论一个增长主题，比如好的业务是什么样子、某个业务部门提交的战略计划或当前的市场趋势。我们希望通过全员参与的讨论，能够更好地理解主题，并制订前进的计划。

此外，我们还审查了精益产品开发流程和活动。我们的目标是确保新产品的开发能够与战略需求和产能相匹配。我们讨论了精益产品开发工具和技术方面的进展，尽管这一流程仍处于起步阶段，但随着推进，我们将继续学习适合自己的方法。最后，我们每个月都会讨论领导力和关键职位的继任计划。每年，我们都会根据战略举措，确定需要升级、改进或增加后备力量的具体职位，并制订计划，每月审查一次。同样，我们的目标始终是根据计划检查进展情况，确保在必要时采取正确的对策，使我们回到正轨。第二天的议程见表 C-2。

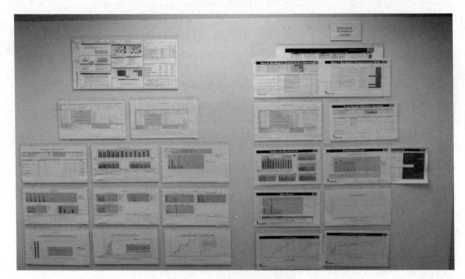

图 C-9　需求创造评审

表 C-2　第二天的议程

企业任务控制：第二天议程		
欧洲进展汇报	7:30～8:00	Agnes
需求创造	8:00～10:00	Chad
休息	10:00～10:15	
市场营销回顾	10:15～11:45	Ray
关于空间研究的更新		
关于深度学习的更新		
关于申报空间的更新		
午餐	11:45～12:30	
新产品开发（NPD）	12:30～13:30	Lou
产能/能力		
项目现状		
模块单元更新		
增长主题（包括休息）	13:30～15:15	Ray D
继任计划	15:15～16:15	Bob
人才负责人会议纪要更新	16:15～16:30	Tom
亚洲进展汇报	16:30～17:00	Chris

企业任务控制历史

在最初实施阶段，我们的审查流程还十分简陋，可视化工具仅占用了大约 100 平方英尺的空间。当时我们正处于使用方针管理和 X-Box 矩阵系统的第二年，但成效有限，并且刚开始尝试使用 A3 作为解决问题的工具。我们的运营系统依赖总部领导多次前往各地进行评审，并且企业任务控制评审只进行一天。

随着我们的进步，这种方法的两大主要缺陷变得显而易见。首先，总部对设施的访问给现场团队带来了大量准备工作，而这些工作大部分都是浪费。其次，仅一天的任务控制会议是不够的。我们发现自己更多地关注战术层面，极少花时间思考系统性变革和因果关系。团队进行战略讨论的时间有限，现场评审中的战略讨论通常只集中于单一业务部门。

我们还认识到，尽管我们已将精益原则应用于生产运营，但几乎没有考虑将这种思维延伸到需求创造上。我们需要拓宽视野，从企业层面审视客户到客户的价值流（指在交付产品或服务的过程中，涉及客户之间的互动和价值传递）。随着内部运营的不断改善，我们也发现自己缺乏对供应链的系统性认识。特别是在 2009 年经济动荡时期，库存水平和材料成本成为影响财务业绩的重要因素。

在逐步解决这些问题的过程中，我们通过任务控制室将可视化管理的理念付诸实践。到目前为止，我们的可视化工具所覆盖的墙面面积增加了约 500%。在中型会议室内，我们越来越善于将战略部署与需求创造和实行举措有效连接。瓦特隆在 2001 年受经济衰退的严重影响，收入下降了约 1/3，公司难以保持盈利。我们花了大约三年半的时间重建收入，使公司恢复到衰退前的盈利水平。而到 2009 年，我们的状况并不比其他公司好多少，收入再次大幅下降。不过，我们的反应速度要快得多，当年还实现了微利。2010 年，我们的收入迅速增长，公司在盈利方面表现良好。

我们能够更好地应对不断变化的市场环境，很大程度上得益于董事会的明智建议。我们坚信，投资于整合企业价值流的可视化管理系统是无价的。可视化管理与定期评审相结合，提高了我们的预测能力和把握市场机遇的能力。

与大多数精益思想一样，任务控制流程在概念上非常简单，看起来容易实施。在我们的案例中，起初显得非常笨拙，但随着工具的使用，情况逐渐得到改善。当拼图缺少一块时，缺陷变得越来越明显，我们便会努力填补这个空白。可视化系统使差距显而易见，并迫使组织学习如何填补这些差距。每当一个缺口被填补，可视化管理系统就会改善，并激发下一轮学习。也许这就是它被称为持续改善的原因。

我们对任务控制流程进行了多次迭代，并将继续改进。我们学习得越多，就越希望这些学习成果能反映在瓦特隆商业系统中，使其得以持续发展。我们并没有所有的答案，也不期望读者会完全按照我们的方式去做。但根据我们的经验，您必须有强烈的愿望，相信它会有所作为，然后全力去做并持续改善。

Simpler 转型连续体的起源

马克·S.哈弗（Marc S. Hafer）

Simpler 公司首席执行官

　　组织及其领导者致力于通过精益转型实现卓越，他们的动机各不相同，方式多种多样。无论他们是否一开始就明确了目标和系统化的转型方法，大多数组织最终都会意识到，可能存在一条更为高效的路径。如果能找到并记录这条高效路径，整个转型过程将更为顺畅。虽然一些有远见的成功精益领导者能够克服初期挑战，找到适合其组织的方法和节奏，但仍有许多领导者因为启动阶段未能达到预期而中途放弃了他们的精益之旅。他们在面对未知的转型之路时，发现管理期望和清晰描绘"下一步"的挑战难以克服。

　　在采用丰田生产方式（TPS）的早期，很多人更注重战术而非战略。在前丰田师傅或某些美国丰田门徒的指导下，我们被鼓励保持低调，采取"边做边学"的实践方式。我们的师傅奉行一种被称为"引导式发现"的辅导方法，意思是不要过多质疑……只管去做。作为早期的采纳者，我们欣然接受了 TPS 的理念，却很少停下来深入思考我们所走的道路。

如今，TPS 的神秘面纱逐渐褪去，曾经基于信仰的热情转变为对明确答案的渴望。这不仅仅是提前解答"为什么"的问题，更关乎组织在精益转型过程中如何以及何处达到关键里程碑的问题。领导者在全身心投入精益转型之前，通常渴望获得这些信息，而这完全是一个合理的要求。

因此，我们萌生了构建转型路线图的想法。这条路线图详细记录了如何实施一种系统化、经过验证的转型方法，列出了关键的里程碑，并明确了反思和修正的时间节点。它旨在为领导者和员工提供指南，帮助他们在短期内提升效率，并建立持久稳固的精益文化。这种文化将充分发挥组织的卓越能力，推动其实现颠覆行业、改变游戏规则的绩效表现。我们将这条路线图命名为 Simpler 转型连续体（Simpler's Transformation Continuum[SM]）。

转型连续体：大局观

构建转型连续体（Transformation Continuum，简称 TC）的前提是，组织在发展精益能力和文化的过程中存在逻辑学习阶段。在开发过程中，我们密切关注被许多学者称为"学习的四个阶段"的能力模型：

- 无意识的无能。
- 有意识的无能。
- 有意识的有能。
- 无意识的有能。

这个模型对 TC 的开发具有重大意义，深植于我们作为实践者和导师在精益转型方面的集体经验。我们无数次目睹领导者和团队成员在这四个学习阶段取得进展，但往往在前三个阶段之一停滞不前，无法实现"无意识的有能"，即将精益完全融入组织文化中，形成超越领导者变更、克服惰性和变革阻力的持久精益文化。因此，我们迫切需要一个成功的模型来帮助组织弥合这一差距。

在转型连续体框架的行上（见表 D-1），我们可以观察到三个主要阶段与上述四阶段学习模型大致相同。根据 TC 模型的构建方式，从"无意识的无能"到"有意识的无能"的转变应该发生在第一个主要 TC 阶段的后期，尤其是在创建首个示范单元时。随后，从"有意识的无能"到"有意识的有能"的转变将发生在第二阶段的中期，特别是在将示范价值流扩展到多个价值流的过程中，即"扩展"子阶段。最终，当组织在第三阶段充分发挥和部署其人力资本，并借助精益能力重新定义行业和内部环境时，将达到转型连续体模型的终极目标——获得"无意识的有能"。

进一步审视转型连续体的列（见表 D-1），我们发现精益转型的多个维度在转型的不同阶段需要持续发展和改善，而且这些维度之间遵循逻辑顺序。其中，最为关键但经常被忽视的维度是人才培养，这是确保文化和绩效进步在组织中持久存在的关键。组织的三大基本层级——领导者、管理者和成员——共同推动着转型的成功。我们鼓励对层级、角色与职责进行更细致的剖析和定义，以确保组织的所有成员都能理解并在整个转型过程中充分发挥自身潜力。

在构建能力和结果的纵向维度上，工具的角色和定位尤为关键。工具不仅是推动变革的催化剂，更是必须掌握的基本能力。然而，从构建持久精益文化的战略视角来看，工具仅仅是其中的一小部分。遗憾的是，在转型过程中，工具往往被过早引入，此时组织及其成员尚未对基础知识形成"有意识的有能"。

Simpler 转型连续体的"大局观"是这样的：那些期望以系统、高效的方式（即"最少浪费的方式"）进行精益转型的组织将认识到，采用这种积木式的学习和能力构建方法，能够在组织内部建立坚实的基础，从而确保形成持久的卓越运营文化。

表 D-1　Simpler 的转型连续体

		概述	评估	教育	启动
			致力于新的改善系统		
人才培养	概述	通过自主学习和研究，了解绩效差距和潜在的解决方案		收集知识并建立辅导关系，为领导变革做准备	设定愿景、选择目标、亲身参与学习
	培养领导者　角色&职责		自主学习（文章、书籍、参考资料）	高层领导与老师建立关系	从活动参与中深度学习、学会发现浪费
	培养领导者　教育		建立变革方法的共识	让自己和组织对变革做好准备	团队参与者，导师和学生行为的榜样，定义期望
	培养管理者　教育		指定学习（文章、网站、书籍、参考资料、招生书模板、工作说明书模板、会议）	指定学习（文章、网站、书籍、重点书籍、文章的规范性教育会议）	基础精益教育，学会发现浪费，团队引导，应对变革
	培养管理者　角色&职责		经营业务，保持专注	经营业务，强化信息，尽量减少干扰	管理变革，学习精益解决问题的工具，致力于改善
	培养成员　教育		—	—	意识培训、活动培训，团队参与者
	培养成员　角色&职责		专注于个人贡献	专注于个人贡献	有助于解决问题并乐于接受变革
	结构与文化的对齐　基础建设		创建评估小组	从评估到治理过渡（指导委员会）	指导委员会，带领导的全职改善团队，非正式领导，关键流程领导，任务控制室，精益预算
	结构与文化的对齐　信念		现状是不可接受的	转型学习需要个人的深度参与	成功需要组织各个层面的深入个人学习
	工具		决策矩阵 标杆分析 评估 战略规划 影响/难度矩阵 推荐阅读清单 销售演示 工作说明书模板 招生书模板	A3 思维 引导式标杆和教育 商业案例信函模板 领导者个人发展计划	TPOC 愿景规划 转型意识 核心团队发展 任务控制室 价值流分析 核心团队个人发展计划
结果			了解您在人才培养、质量、交付、成本和增长方面的表现	在所有五个维度上建立双位数改进的期望	确保 RIE。价值流实现双位数增长改进的期望，是在示范价值流和企业指标相互关联，目标最低 4 倍的投资回报率
产出			推选/放弃决策	领导者准备领导早期变革	致力于示范流动单元示范价值流

（续）

概述		致力于新的改善系统 建立模型	反思点	加速提高能力和绩效 深入	扩展
		第一遍开发示范流动单元和价值流，记录自己的业务系统		对示范价值流进行二至五次迭代	扩展至所有价值流（需求、交付、开发和支持）
培养领导者	教育	学习如何在价值流环境中推动改善		了解战略制定如何用于推动改善，并消除组织壁垒	了解工具、技术和原则如何应用于业务的各个领域
	角色&职责	为示范价值流开发新的管理方法		进行必要的组织和资源变革，以实现下一个未来状态目标	为所有职能打造领导者和基础设施
培养管理者	教育	学习流动单元如何相互关联以实现价值流改善		学习如何在价值流管理环境中进行管理，拓宽职能专长	所有职能经理参与示范价值流沉浸式学习
	角色&职责	确保逐步跟踪并进行真正的根本原因问题解决和纠正措施		学习各职能的标准工作，建立跨职能能团队合作	通过执行战略部署和日常管理来管理价值流
培养成员	教育	学习如何利用基本的问题解决方法来改善日常工作环境		学习他们在日常改善中的角色	培养工具专家
	角色&职责	通过日常管理和团队参与开发解决问题和消除浪费		通过提案系统提出建议，按照节拍时间运行生产单元	成为各种工具和技术的导师，改善活动的团队领导者
人才培养					
结构与文化的对齐	基础建设	拥有 3% 专职资源的价值流改善团队		正式化继任计划流程，纳入精益经验，评估并解决"抗体"问题	3% 的企业专用资源，变革的 $n/10$ 活动速度，持续改善作为一种生活方式
	信念	认识到价值流中有 95% 是非增值的		收益递减法则并不适用——每次迭代价值流都存在很多浪费	精益无处不在，战略部署推动突破性改善，打破职能孤岛
工具		价值流管理 日常改善管理 实际解决问题 成为导师 SBS 架构 持续改善研讨会 OTI 培养领导人员 基本质量工具 标准工作工具		战略部署 中层管理标准工作 价值流领导个人发展计划 评估 提案系统 认证 丰田变革模型	横向展开 快速换模 Shingo 准备度
结果		目标是将交货期缩短 75%，缺陷减少 50%，生产率提高 20%		每年：提高员工满意度，缺陷减少 50%，生产率提高 50%，货期缩短 50%，库存周转翻倍	真北指标在所有层面，所有价值流，所有职能中得以体现，关键驱动指标每年度提升 20%～50%
产出		示范价值流首次通过，基本个人业务系统架构		引领组织走向"优秀模范"的示范价值流	一个完全投入的组织，所有人都与战略目标相连接和对齐

185

（续）

人才培养			概述	加速提高能力和绩效 超越	反思点	利用文化转型 加强人才培养	利用文化转型 重新定义环境
培养领导者	教育			供应商到到客户的价值链深度关联 真正融入环境之声		在保护投资的同时，加速员工的发展 了解发展不可逆转的特续改善所需的价值观、习惯和行为	利用人才、流程和改善能力重新定义企业 学习如何将精益方法应用于业务收购、研发和其他有机增长机会
	角色&职责			成为真正以客户为中心的组织，发展重要的供应商和客户关系		领导人才培养流程	重新定义组织的市场推广策略
培养管理者	教育			学会将工具、技术和原则应用于其他组织		学习如何应用新的价值观、习惯和行为	加强领导能力的建设
	角色&职责			对内保持专注、对外投入资源		践行新的"方式"	培养您将收购的下一个业务的领导者
培养成员	教育			在扩展的价值流中学习改进团队		学习如何应用新的"方式"	学习如何应用新的价值观、习惯和行为
	角色&职责			运行价值流		践行新的"方式"	践行新的"方式"
	基础建设			80%的团队由一线员工领导		为人才培养定义标准工作	专门的 3P 团队、业务收购团队
结构与文化的对齐	信念			价值链的对齐、拉动和流动消除了更多层次的浪费		从"实施精益"到"成为精益"	我们重新定义环境，而不是顺应环境
	工具			转型价值流分析 环境之声 精益会计 供应商发展		实施精益 VS.成为精益 打造文化 A3 360 度评估模型 基于丰田的选拔模型	业务收购模式
	结果			通过缩短交货期、减少库存和提高生产率降低成本，并通过价值链传递给最终客户		以最低成本招聘最佳人才	市值增长超过 15 倍，质量提高 100 倍，资产回报率增长 5 倍
	产出			走上"真正的企业转型"之路		"新"组织的端到端人才培养流程	永续增长引擎

转折点

Simpler®

第一阶段：致力于新的改善系统

转型连续体的第一阶段，作为变革旅程的奠基石，包含四个精心设计的子阶段。在"评估"这一起始子阶段，组织的基本决策集中在是否"推进/放弃"企业的全面转型，还是仅在特定领域或培训活动中进行流程改善。为了准确评估潜在的组织影响，此阶段成为自我学习和深入研究的时期，旨在识别绩效差距并寻找最佳解决方案。

如果评估结果表明需要采取行动，组织将进入第二个子阶段——"教育"。在这一阶段，成员们深入学习在评估期间探索的各种替代方案，包括精益、六西格玛、约束理论等，同时还会研究其他尽管承诺类似影响但在实施方法、参与程度和最终结果上截然不同的改善方法。此时，组织通常会引入外部资源，以积累知识并建立转型期间的潜在辅导关系。

然而，在实践中，评估和教育阶段往往被边缘化。由于高层领导急于启动变革并展示快速成果，导致转型过程中的深入理解和学习未能充分展开。忽视了为组织做好充分准备并获得各级人员，特别是高层团队和关键管理者真正承诺的必要步骤，往往会导致转型过程缺乏足够的动力，难以突破"无意识的无能"。尽管"燃烧平台"这一说法已成为老生常谈，但建立清晰的变革理由仍然至关重要。通过对精益转型的清晰认知和坚定承诺，配合对组织的严格评估和教育，我们至少能够建立一个坚实的平台。

一旦选定合适且系统的转型方法，组织应做好充分准备并踏上转型之旅（即便仍有顾虑）。在经验丰富的教练指导下，组织进入第三个子阶段"启动"。在这个关键阶段，领导团队将确立清晰的愿景，设定明确的绩效改善目标（包括真北目标和中期目标），并通过亲身参与和深入学习来推动变革。早期的成功对于平息不安至关重要，选择符合关键成功因素的机会目标并避免早期的失败模式同样至关重要，而经验丰富的导师将在这一过程中提供宝贵的指导。

然而，启动阶段的激动人心可能会影响组织对目标设定、活动准备和支持基础设施的准确判断。正确的起点意味着明确的终点，这并不是说精益之旅就一定有终点（根据定义，它肯定没有终点）。相反，了解最终目标有助于战略性地选择最初的改善目标，减少返工，确保长期收益。启动阶段的关键活动包括成立指导委员会、确定全职改善团队成员、建立任务控制中心以进行可视化沟通和进度跟踪，以及进行细致的愿景规划和价值流分析。尽管这些准备工作看似会推迟行动和延迟结果，但它们对于赢得成员的支持和认同至关重要，确保了改善努力和成本的最大回报。

紧接着，正确的启动将自然地过渡到第一阶段的最后一个子阶段——"建立模型"。真正精益组织的最小构件是流动单元，它们通过拉动机制紧密相连，形成由外部客户定义"价值"的价值流。新手精益组织最常见的错误之一，就是未能深入研究特定流动单元以创建和展示示范流动单元的所有属性。此外，若改善工作以跳跃式进行会导致绩效次优化，并难以实现真正的全面业务成果。因此，转型连续体在第一阶段结束时强调，除非示范流动单元和首个示范价值流均已完成，否则组织不宜过早进入第二阶段。最后，完成的工作还包括详细记录组织的业务系统，包括原则和习惯，这有助于确保第一阶段的学习成果在整个企业中得到有效传播。

面对"我们应该从哪里开始？"这一常见疑问，最佳答案是在启动阶段专注于愿景和价值流分析，并致力于在转型的第一阶段建立模型。领导者需要认识到，每个组织都拥有（或应该有）四类主要的价值流。前三类专注于为外部客户创造价值，涵盖产品与服务的开发、市场营销与销售的需求生成与捕获以及制造或服务运营的交付。而第四类价值流，我们称之为"支持流"，它们虽然不直接面对外部客户，却对价值创造至关重要，包括信息技术（IT）、财务会计、人才培养等职能支持领域。在第一阶段建立模型时，最常见的选择是聚焦于"交付流",但同样也可以考虑从开发、需求及支持流入手的可能性。

无论组织选择从何处着手,关键在于战略性地选择启动点和模型对象。作为"致力于新的改善系统"的一部分,组织必须展示对选定价值流的深入研究,创建示范单元,并最终形成初始示范价值流。

第一阶段以刻意的反思停顿结束——反思第一阶段所取得的成就,并识别存在的不足,无论是在转型连续体上,还是在每个改善维度的纵向发展上。此时,针对识别出的不足,组织应进行根本原因分析并采取纠正措施,确保为第二阶段的加速改善打下坚实基础。至此,组织应明显处于学习或发展阶段,即"有意识的无能"阶段。在这一阶段,领导者、管理者和团队成员开始深刻认识到在精益过程中仍有许多未知领域等待着他们去探索和学习。

第二阶段：加速提高能力和绩效

在转型连续体的第二阶段,组织将迈入"深入""扩展"和"超越"三个子阶段。在这一阶段,组织开始加速绩效改善的步伐,前提是它们已在第一阶段按照既定纪律进行了系统而深入的实践。在完成示范价值流的首次全面研究后,通过在"深入"子阶段进行的改善工作能够证明,收益递减法则在精益组织中并不适用。通过对示范流动单元和示范价值流进行三到五轮的深入研究与迭代,投资回报将持续增加,并进一步扩大实现未来状态的可能性。在这个子阶段,组织需要积极准备,迎接战略部署和令人振奋的新方法,以实现突破性的、范式转变的绩效水平。

在"深入"子阶段,组织还将面临多个价值流和支持流之间的相互依赖问题。示范价值流将揭示按职能划分的组织结构中的依赖关系和障碍,并推动建立一种新的组织结构,赋予更多的自主权,以更好地支持向客户提供价值所需的所有工作要素。领导者必须采取措施打破职能孤岛，促进工作流程沿着价值流重组。

随着精益实践的成熟，组织自然会渴望将精益推广到更多的价值流中。尽管在第一阶段应该坚决抵制这种做法，但第二阶段的"扩展"子阶段正是扩大学习范围的恰当时机。此时，整个企业都可以纳入精益学习的范畴。然而，内部专家队伍的建设必须与领导者的扩展意愿相匹配。为了确保覆盖整个企业，建议内部全职精益支持人员的比例应达到组织总人数的 3%。如果低于这一比例，可能需要调整扩展规模以适应现有的人力资源水平。

如第 5 章所述，变革的速度由改善周团队的数量决定，具体为 $n/10$。在转型连续体的这一阶段，组织需要在继续前进之前，通过实时问题解决、战略部署以及对所有基本精益工具的深入理解，达到"有意识的有能"。此外，现在是引入 3P（见附录 A）和 Simpler 设计系统™ 中更高级工具的理想时机，通过合理的设备和新产品设计来加速绩效提升。将这些高级工具和技术推迟到此阶段应用，旨在确保员工对基本精益工具的充分掌握，这种掌握应接近于"无意识的有能"。这种熟练度的培养，唯有通过持续的实践与经验的积累，经历数十次反复实践，才能真正达到炉火纯青的境地。值得注意的是，一种常见的失败模式是在基本原则和习惯养成之前，过早追求高级工具的应用。

在"深入"和"扩展"之后，组织将进入"超越"子阶段，突破企业的边界。这一阶段包括将上游供应商和下游客户纳入到创建扩展价值流的过程中，这是实现最终杠杆作用的关键。此时，组织开始深刻认识到与供应商关系的紧密性，并致力于主动改变供应商或接受供应商的改变。内部专家将转变为外部顾问，与供应商携手改进合作关系，共同设计产品和流程，力求减少最终客户的浪费。

同样地，客户也被纳入产品和工作流程的定义过程中，旨在减少最终用户的浪费。"环境之声"扮演着至关重要的角色，它帮助我们真正理解价值的真谛。在转型连续体的这一阶段，组织不仅追求超越对客户和环境的现有认知，还对重新定义价值充满好奇，力求取悦最终客户，而不仅仅是满足他们的需求。目标也从单纯地改善内部价值流转变为在整个价值链的每个环节识别并消除浪费。

第三阶段：利用文化转型

在转型连续体的第三阶段，组织将专注于"加强人才培养"和"重新定义环境"这两个关键子阶段。通过掌握人才培养，企业能够巩固前期的转型成果，进入"无意识的有能"学习阶段，充分发挥自身能力，改变市场格局，成为行业增长的引擎。

虽然人才培养贯穿整个转型过程，但在此阶段，组织文化的转型显然以人才为核心。正如丰田所言，"先造人，再造车"。人才的选拔、评估与发展过程必须紧密契合高绩效文化的价值观、习惯和行为。这些领域的标准工作对于创建持久的精益文化和实现改变游戏规则的绩效至关重要。此时，成员们不仅积极拥抱变革，甚至主动推动变革，而不是被动等待领导指引。随着所有成员被赋予消除浪费的权力，并接受了相应的指导和培训，问题解决与改善的速度正在日益加快。

在此阶段，企业应在人才培养、质量、交付以及成本/生产率等核心绩效维度上取得显著成效。至于常被忽视的第五个维度"增长"，组织可能已经通过自身的成长能力提升了收入和市场份额，但仍有待进一步挖掘潜力。精益转型与增长密不可分；然而，增长必须经过有意识和战略性的发展，像精益转型一样被有意识和战略性地选择为差异化因素。组织如何利用其在转型连续体高级阶段获得的竞争优势，将决定其能否在市场上实现范式转变。

在"重新定义环境"子阶段，组织将通过"无意识的有能"进行市场扩展或服务重塑。通过推出基于精益开发价值流的颠覆性产品和服务，这些组织将以快速响应市场和提升客户满意度而脱颖而出。通过精益能力开拓新市场并打造卓越品牌，企业将缩短需求生成和价值捕获的周期。通过与供应商和客户的端到端合作，缩短交货期，追求零缺陷，以最低成本生产和交付，企业将重新定义行业标准，创造新的"常态"。此外，"无意识的有能"阶段的精益组织往往通过收购其他组织并引导它们经历相同的转型过程，从而实现扩张。这种精益组织的内部转型能力，使它们能够敏锐地洞察其他公司存在的浪费与潜在机遇。被收购的公司不仅成为组织发展的新动力，还为有志于成长的员工提供了宝贵的机会。

在转型连续体的这个阶段，人们可能会问："我们到达终点了吗？" 答案是不言而喻的："我们的旅程永无止境。"在这一阶段，领导者通常会获得深刻的领悟，并坚定不移地致力于通过精益追求卓越。正如我们在转型过程中所学到的，总会有新的浪费层次需要发现和新的挑战需要克服。

变革的维度：人才培养

如前所述，人力资本的发展始终是整个变革过程的核心议题。领导者、管理者和团队成员在组织各部门的人才培养中发挥着重要作用，并以不同方式影响和受到精益转型的影响。这一转型涉及每个人，变革的影响无处不在。随着新文化的逐步确立，每个人的角色和职责都将经历转变，对某些人来说，这将是一次彻底的变革。因此，组织在转型过程中对人才培养的需求必须遵循相同的发展路径，即从"无意识的无能"到"无意识的有能"，通过公开且系统的学习来实现这一转变。

在转型过程中，领导者的角色和领导力往往是决定成败的关键。正如乔治·科尼塞克所强调的，精益转型是一场领导力密集型的变革。领导者的角色必须从传统的命令与控制模式转变为仆人式领导和导师的角色，他们必须培养新的习惯。领导者通常从授权开始，与转型的细节工作保持一定距离，这与精益转型"边做边学"的本质背道而驰。毕竟，这个过程本身就是一个学习的环境，若要成功建立持续的精益文化，领导者必须以身作则，树立指导与学习的榜样。

中层管理者往往是变革中最受冲击的群体。在许多情况下，他们的职位可能被视为冗余而被裁撤，或者他们难以适应新环境，不得不将控制权下放给积极参与日常问题解决的团队成员。最终，管理者的发展是确保在整个组织中有效部署新知识并保持收益的关键，同时支持团队成员并推动绩效。认识到对管理者的影响并为他们的发展制定积极主动的战略和流程是转型连续体的关键成功因素。

通过教学和实践学习机会培养团队成员同样是精益转型的基石。创建成功的精益文化需要组织内每个成员的积极参与和共同发展。在广泛成员的参与下，达到推动和拉动变革的转折点，是一个重要的里程碑。起初，成员的参与度较低，但在启动子阶段，确保所有成员理解变革背后的意图以及"这对我个人意味着什么"至关重要。随着转型的推进，成员的投入从单纯的改善活动转变为随时参与问题解决。员工建议系统赋予成员提出建议和实施改善的权力，具有强大的激励作用。此外，评估、薪酬、奖励和表彰制度也应引入或调整，以符合精益组织的价值观、习惯和行为。

简而言之，许多组织认为员工是最宝贵的资产。精益组织在转型过程中努力实现人才培养的真正意义，而不仅仅是空谈，致力于在组织各个层面实践这一信念。

变革的维度：结构与文化的对齐

传统组织通常等级森严、职能固化，其设计理念是通过按教育程度、领导力水平和职能分工来实现效率最大化。然而，这种设计往往忽视了以最小浪费的方式向客户提供价值的理念，与精益组织的核心原则相去甚远。相比之下，精益组织认识到，职能孤岛及其带来的纵向管理和局部优化思维是浪费的根源。这些浪费最终以质量缺陷、交货延迟、产品创新不足等形式传递给客户，导致客户满意度下降。

在转型连续体中，组织学习了一种全新的思维方式，即如何围绕价值交付进行组织。这个学习过程始于流动单元的层面，在第一阶段通过实施示范流动单元来组织工作流程，具体做法包括：①根据节拍时间要求合理配置设备和人员；②根据客户实际需求而非预测进行拉动式生产。随着价值流中流动单元的逐步连接，组织开始深刻反思职能孤岛如何阻碍信息、想法以及产品/服务的顺畅流动。经过深入的反思和学习，组织逐渐认识到需求、发展与价值流交付的概念，以及相互交织的支持流，这些共同构成了未来组织结构调整的目标状态。

当组织进入"有意识的无能"阶段时，它们意识到必须对人力资源和管理系统进行根本性变革，以消除孤岛结构中的浪费。这一认识进而催生了对人才培养的新需求，以支持新的组织思维。由于领导者、管理者和团队成员都习惯于在孤岛结构中工作，转向价值流结构意味着重新开始，这需要大量的教育和适应。

最终，当所有资源得以协调一致，共同在价值流中为客户创造价值时，组织便达到了"有意识的有能"阶段。此时，内部改善团队的人员配置达到最佳状态，能够维持快速的改善速度（3%的人员投入实现 $n/10$ 的改善速度）；跨职能团队逐渐取代传统的职能团队，能够实时解决各种问题，成为推动组织持续进步的核心力量。

变革的维度：工具

接受转型连续体的概念，意味着认同精益工具是改善过程中的关键维度之一，并且对这些工具的掌握应当是有顺序、有目的的。当组织达到"无意识的有能"这一精益组织的高级阶段时，成功的关键在于投入时间和资源，不仅精通精益工具，还要构建模型，促进组织深入学习并内化在转型前两个阶段发挥了核心作用的原则。

由于这不是一本以工具为导向的书籍，因此在总结这一主题时，我们提出一个简单的注意事项：谨防专家将精益工具作为精益转型的主要重点进行推销。转型连续体教导并强调，精益工具只是许多学习和改善层面中的一个，必须加以合理运用，才能确保精益企业转型的长期成功。

变革的维度：结果

要取得成果，首先需要明确并定义那些直接影响客户满意度或愉悦感的关键绩效指标。大多数传统组织衡量的事项太多，其中许多是导致努力和结果稀释的干扰因素。通过依据真北的五个维度来设定组织的关键衡量标准，有助于实现更好的平衡、一致性和专注。

成功的精益转型告诉我们，应该集中精力在少数几个关键绩效指标上实现年度两位数的改善。此外，我们还了解到，将价值流中的目标措施从头到尾有机衔接，通过政策部署将各项目标统一起来，可以加速取得突破性成果。本书重点介绍了许多这样的突破性成果，但值得强调的是，采用系统化方法实施示范流动单元，并将其串联成示范价值流，通过在价值流中进行多轮改善，往往能够产生惊人的成效。

学习如何通过减少对"重要多数"指标的关注，来专注于那些"关键少数"指标，是提升绩效的关键。最后，避免采取随意跳跃式的方法，遵循转型连续体精心规划的精益转型过程，这才是实现即时成效和持续改善的关键所在。

附录 E

红河陆军仓库——通过领导力沉浸加速精益化进程

背景

　　红河陆军仓库（RRAD）是美国国防部的一个重要维护设施，负责为美国陆军提供包括轮式和履带式车辆、橡胶制品以及其他各种设备的维护、修理和大修服务。2008 年，RRAD 的年营业收入超过了 10 亿美元，预计 2011 年将达到 8 亿美元。RRAD 在得克萨斯州特克萨卡纳拥有 3 000 多名文职雇员，另有 500 多名雇员遍布美国和世界各地。因此，RRAD 是美国陆军装备的重要供应商，尤其在伊拉克和阿富汗战争中发挥了关键作用。这个组织完全由美国陆军部文职人员和合同工组成，只有一名指挥官和一名军士长负责在为期三年的任期内监督和领导 RRAD 的运营。

　　RRAD 的工作范围广泛，从检查和维修、重置和大修到完全再制造陆军战术轮式车辆、作战车辆及其部件，无所不包（见图 E-1）。主要关注的领域包括高机动性多用途轮式车辆（HMMWV）、中型战术车辆系列（FMTV，包括 2.5 吨和 5 吨卡车）以及防地雷反伏击车（MRAP）。

图 E-1　红河陆军仓库维修过的车辆示例

强大的动力：基地调整与关闭

对灭绝的恐惧是一股强大的动力。在任何行业中，竞争始终存在。企业为了生存，必须不断创新、提高产品和服务的质量，并提升成本效率。军事工业设施同样面临着来自民用行业替代品以及其他军事基地的竞争。对于军事设施而言，生存的关键在于避免被列入联邦基地调整与关闭（BRAC）名单，该名单通常以 10 年为周期，旨在通过关闭或重新启用军事基地来节省资金。

像许多军事基地一样，RRAD 也未能避免 BRAC 的审查，尤其是在 1995 年和 2005 年的评审中，RRAD 曾两度面临关闭的命运。然而，通过不懈努力和实施精益实践，RRAD 成功地避免了这一命运。

2005 年，当 RRAD 再次被列入基地调整与关闭名单时，它已经走过了三年的精益之旅。RRAD 致力于通过培训、绩效改善技术、标杆考察以及与其他行业领导者分享最佳实践来保持竞争力。在 Simpler 公司精益顾问的帮助下，

RRAD 通过引入精益技术进一步扩大了这些努力，并且初步的精益成果已经显现。首个重点领域是高机动性多用途轮式车辆（HMMWV）价值流。通过每周至少两次的改善活动，RRAD 显著提高了再制造和升级装甲流程的产量和生产率，从原本每 2 天生产一辆 HMMWV 到每天生产 100 辆。这意味着生产率提高了 3 倍，产量提高了 200 多倍。

RRAD 还对重型扩展机动战术卡车（HEMTT）价值流进行了深入分析。作战节奏的加快需要更多的 HEMTT 车辆投入战场，而不是在 RRAD 进行维修。为了应对这一挑战，RRAD 重点优化了维修交付时间的价值流。大约 4 个月后，针对交货期的优化工作取得了显著成效，将交货期从 120 天缩短至 30 天，同时降低了在制品（Work-in-Process，简称 WIP）水平和成本。此外，流程中的废品率也大幅下降，流程产出得到了提升。

这些早期的成功以及对精益的拥抱并没有被忽视。由于 RRAD 在拥抱精益和实现改善方面做出的努力，以及战争导致的服务需求增加，基地调整与关闭专员将 RRAD 从 2005 年的名单中移除。然而，RRAD 的领导层深知，只有不断改善成本、进度和质量，才能确保未来的生存，因此他们始终保持专注，继续推进精益之旅。

在接下来的 3 年中，RRAD 荣获了 8 项新乡奖和 2 项罗伯特·梅森奖（美国国防部颁发的最佳维修站奖）。事实上，RRAD 因其在组织和运营工业基地仓库方面的卓越表现而被誉为业界的"必看之地"。

新领导，新焦点

2008 年 7 月，新的军事领导层抵达 RRAD，米切尔上校带着对精益技术的深刻理解和坚定承诺，开始了他为期 3 年的指挥官任期。他回忆道："通过阅读文章，我知道红河陆军仓库在精益生产方面享有盛誉，也听说过多次获得新乡奖的事情。我的任务是推动仓库更上一层楼，但当时我并不清楚如何实现这一目标。"

米切尔上校接受了广泛的培训，包括精益/六西格玛管理的领导力课程、多次标杆游学以及在卡特彼勒公司的精益实习，这些经历使他意识到，RRAD 拥有巨大的潜力，能够提升生产率并保持竞争力。在精益之旅的第 6 年，领导层启动了一项精益评估，旨在回答这些关键问题：我们目前处于什么位置？我们是否已经改变了工作方式？我们是否建立了持续改善的文化？还存在哪些机会？

评估结果显示，尽管 RRAD 在组织中使用了精益技术和工具并取得了一些进展，但精益尚未完全融入组织文化中。RRAD 仍然停留在工具层面；对标准化和持续改善的承诺并未始终如一地体现在日常管理和工作流程中。领导层迅速做出回应，在接下来的几年中，实施了各种精益运营系统、模型、工具和技术，以培养持续改善的文化，这些都是他们从霍尼韦尔、卡特彼勒等领先企业和精益专家那里学到的。

这些努力的一个重点是实施一种运营模型，将精益技术的使用纳入日常运营并使之标准化。这些技术包括：配备可视化管理工具的指挥中心；专注于识别和解决工作流程问题的每日分级会议；用于跟踪关键绩效指标的战情室；以及对管理层和员工进行培训，使他们理解单元创建的概念——所有这些都是在运用精益工具，比如 A3、5S、标准工作、可视化管理、畅流、拉动等，以及追求完美的过程中进行的（见附录 A）。

在对霍尼韦尔运营系统进行标杆学习后，RRAD 领导层认为该系统的某个部分在 RRAD 同样适用，于是组建了一个代号为"老虎"的小组来实施类似的系统。该系统最大的成功之处在于每天举行的"层级"会议，旨在帮助实现标准工作目标，提升问题解决效率和沟通效果。每个成本中心的指挥中心帮助 RRAD 更清晰地了解自己在健康、环境、安全、成本、进度和质量方面的表现，并且信息每日沿着链条向上流动。然而，领导层意识到，系统中似乎缺少了一些关键要素。

米切尔上校从卡特彼勒公司的精益实习中了解到，即便是卡特彼勒生产系统在首次部署时也遇到了类似的问责和治理问题。因此，他们通过更严格的审计、激励措施和标准化流程进行了重新部署。在这之后，RRAD 组建了第二个"老虎"小组，专注于扩大精益支持方面的资源。

该小组的目标是通过在精益办公室增加审计和培训能力，为红河陆军仓库运营系统（RROS）制定愿景和指导原则，并将所有这些内容编入《红河陆军仓库管理条例》，从而加速改善活动的步伐，促进突破性思维，提高标准化程度，并为单元创建的精益工具实施提供支持。

此外，该小组还开发了一个为期两小时的培训课程，涵盖精益的基础工具，旨在为计划的启动奠定基础。同时，他们还与高级领导共同制定了转型守护计划（TPOC），运用 A3 思维并确定了真北指标。创建真北指标的目的是确保仓库、部门和车间各级保持一致性（见图 E-2）。通过每日层级会议和周会来审查这些指标并解决相关问题。精益办公室创建了一个沉浸流程，要求员工在入职后的第一年内完成该流程，并将精益经验和参与度纳入招聘和晋升实践中。这些新的努力不仅激发了组织的活力，也带来了显著的改善。

指标说明	目标
质量：	
每单位数量的缺陷数	0.5
成本：	
总员工支出	−20%
交付：	
100%按时完成 （COT）	100%
安全/士气：	
损失工时率	−25%
事故率	−25%
员工士气	待定
基地调整与关闭：	
军事价值	+4.0

图 E-2　RRAD 的真北指标

一些创新实践被带到了海外，比如，伊拉克的仓库员工协助创建了用于重建 HMMWV 车辆的流动单元,他们用阿拉伯语在墙上写下了标准工作流程，并且只为工人提供工位所需的工具（见图 E-3）。

图 E-3　伊拉克仓库的标准工作

这些创新带来了显著的改善。同样，科威特的员工也建立了一种工作流程，而不是使用海湾战争的方法来修理 MRAP 车辆。流水线方法的效率是海湾方法的 5 倍。

加速精益转型，为生存而战

尽管取得了这些改善，但最高领导层意识到，要实现红河陆军仓库文化的彻底转变，仍需要更深入的领导力参与和更快的变革步伐。虽然 RRAD 已经加大了对精益资源的投入，并加快了活动的节奏，但变革的深度和速度仍显不足。到了 2010 年中期，经济形势和预算赤字使 RRAD 的未来充满不确定性，包括国防部资源的必然缩减以及红河基地运营资金的减少。同时，2015 年基地调整与关闭进程的潜在威胁迫在眉睫。领导层意识到，并始终坚信，要避免被列入基地调整与关闭名单，同时保持未来的工作量，关键在于降低成本并显著提升仓库的生产率和质量表现。面对持续的竞争和预算压力，RRAD 致力于通过精益努力提升生产率，实现两位数的收益增长。为此，米切尔上校邀请乔治·科尼塞克协助评估当前情况并明确加速精益转型的关键举措。这些举措包括：

- 集中精力打造"示范"价值流，而不是在整个仓库范围内采用一刀切的笼统方法。
- 加快活动速度和支持资源投入，使用 $n/10$ 的活动速度和 3%的专用资源来支持和跟踪改善工作。
- 实施领导力沉浸计划。

2010 年 10 月初，RRAD 发布了一项《仓库精益部署政策》，标志着 RRAD 迈入精益和领导力深度沉浸的新时代。这项政策着重于加速精益活动和资源支持，反映了上述三个关键举措的核心内容。图 E-4 展示了重启计划的指挥部指令，其中包括高管沉浸计划的详细规划。

TARR-C　　　　　　　　　　　　　　2010 年 9 月 20 日

查看分发备忘录

主题：精益部署政策

1. 美国国防部正面临着预算削减，以及重置、资本重组和大修资金的大幅减少。红河陆军仓库（RRAD）预计工作量将相应减少（2011～2015 年）。历史经验表明，要逆转这一趋势，最佳途径是降低成本并显著提高仓库的生产率和质量。此外，降低客户成本和提高仓库生产率也是防范 2015 年基地调整与关闭（BRAC）潜在不利决定的最佳措施。

2. 领导力沉浸：成功的精益转型始终由高层领导推动。各级领导团队必须一致理解和重视变革举措的目的和重要性。这个团队包括指挥与参谋、部门主管、分部主管、主管和一线领导等，覆盖车间和办公室楼层。领导团队将通过以下方式支持精益生产举措：

（1）将精益生产举措纳入个人和团队的绩效评估中，变革努力将被视为职业责任的一部分。

（2）在晋升和管理职位选拔中，成功参与价值流分析（VSA）和快速改善活动（RIE）将成为评分标准。对于薪资等级职位，如果所有其他技术技能相等，成功参与精益活动将成为决定胜负的关键因素。这些标准将详细记录，并提前清晰地传达给员工，进行反复强调。

（3）选定的指挥与参谋、主管和办公室主任必须在 2011 年 5 月 31 日之前参加 8 次精益活动（见下表）。参加活动时必须全神贯注，不得使用手机或存在其他会议干扰。

1）指挥与参谋人员必须参加的 8 次活动中，4 次将在示范价值流区域进行。

2）以下是描述活动周以及参加该周活动所需的指挥和参谋人员的日程表。OCI 将在该日程表中填入活动，并尽可能解决任何时间冲突。日程安排联系人为 Patti Chisum，分机 3516。

2010/9/13 当周	2010/9/20 当周	2010/9/27 当周	2010/10/4 当周
2010/10/12 当周	2010/10/18 当周	2010/10/25 当周	2010/11/1 当周
2010/11/8 当周	2010/11/15 当周	2011/1/3 当周	2010/11/29 当周
2010/12/6 当周	2010/12/13 当周	2011/1/31 当周	2011/1/10 当周
2011/1/18 当周	2011/1/24 当周	2011/2/28 当周	2011/2/7 当周
2011/2/14 当周	2011/2/22 当周	2011/3/28 当周	2011/3/7 当周
2011/3/14 当周	2011/3/21 当周	2011/4/25 当周	2011/4/4 当周
2011/4/11 当周	2011/4/18 当周	2011/5/9 当周	2011/5/2 当周
所需人员：	所需人员：	所需人员：	所需人员：
参谋长	业务管理办公室主任	副指挥官	指挥官
维护/生产总监	系统管理办公室主任	安全办公室主任	信息管理副总监
信息管理总监	合同总监	维护/后勤总监	维护/生产副总监 2
资源管理总监	应急服务总监	应急服务副总监	公共工程副总监
质量总监	公共工程总监	质量副总监	维护/后勤副总监
维护/生产副总监 1		OCI 主任	军士长

图 E-4　指令

3. 示范价值流：RRAD 将实施体现最高精益实施水平的示范价值流。我们将推动这些领域的精益实施达到新的高度，使示范价值流在仓库乃至整个美国陆军中都处于领先地位。示范价值流是强大的变革管理工具，为整个组织提供持续改进的未来愿景。

（1）示范价值流的实施将由持续改善办公室（OCI）主任、维护后勤/生产总监以及价值流经理（VSM）共同承担。主要示范价值流将是 FMTV，其次是次要项目。然而，如果获得资金支持，MRAP 将成为首要项目，并取代 FMTV 和次要项目。

1）FMTV：由于美国陆军拥有大量资产（77 578 辆）和仓库的潜在工作量，FMTV 价值流是理想的主要示范价值流候选者。从现在开始，FMTV 价值流将完成价值流分析（VSA），并以 $n/5$ 的速度开展精益活动。这种速度意味着每周大约举办两次活动。

2）MRAP：MRAP 价值流是一个高可见度的项目，是美国国防部最优先的采购计划（迄今为止美国陆军已采购 19 000 辆），因此是仓库在重置或大修方面力求卓越的高优先级项目。

3）次要项目：次要项目价值流是在未来几年中最具持久力和工作量的价值流，也是最容易转移到其他活动的工作量。从现在开始，次要价值流将以 $n/5$ 的加速活动节奏启动其 18 个月计划。这种速度意味着每周大约举办两次活动。

（2）研究显示，大约 50% 的行政流程存在浪费，且不到 10% 的行政流程能够无错误地执行。从现在开始，直接影响上述示范价值流生产的行政领域（比如 MMD、质量）将立即完成价值流分析（VSA），并以加速节奏开展所有后续的精益活动。所有其他行政领域将以 $n/20$ 的速度完成 VSA 和所有后续的精益活动。

（3）每次重新研究流程时，精益工具都会揭示新的浪费层面和改善机会。每个示范价值流将在 6～10 个月内进行 VSA，并实施相关精益活动。此时，将对改进后的价值流进行新的 VSA。这个过程将再进行 3 次，总计 5 次迭代，以将流程时间减少 90%，生产率提高 50%。

（4）所有其他价值流将以 $n/20$ 的速度开展精益活动。

4. 执行概念：

（1）每位总监、办公室主任和价值流经理（VSM）将负责确保其组织采用下列精益原则：

1）标准工作——对执行特定流程或任务的最安全、优质、高效方式的简单书面描述。标准工作是执行描述流程的唯一可接受方式，期望主管能够不断改进和更新标准工作。

2）5S——工作场所的组织与标准化。它是我们对工作区域进行的有序安排，确保环境整洁、高效、安全，并且工作愉快。5S 为其他精益概念在整个组织中的成功实施提供基础，并培养必要的纪律。5S 代表整理、整顿、清扫、清洁和素养。5S 培训模块将于 2010 年 9 月 13 日之前在内网上提供。

3）单件流——工作站内每次只移动一个工件进行操作的概念。

图 E-4　指令（续）

4）可视化管理——应用任何可视化辅助工具或设备以促进更安全、更高效、更少浪费的流程。我们的目标是实施一个可视化管理系统，使您能够在 15 秒内看到该区域的生产指标，了解进度是超前还是滞后。可视化管理可以"一目了然"地发现和解决问题。

5）拉动——精益生产中的拉动概念意味着响应客户的需求。

（2）各组织将通过以下精益活动在其工作流程中实施精益原则：

1）价值流分析（VSA）：用于创建流程的价值流图，并为接下来的 6～12 个月制订详细的改善计划。

2）快速改善活动（RIE）：专注于消除浪费、提高生产率，并在组织的目标活动和流程中实现持续不断的改善。

3）问题解决纠正措施（PS/CA）：针对特定缺陷/问题制订计划，永久消除缺陷。

（3）团队设计：

1）团队领导为工作区域的主管。

2）团队包括一名 OCI 引导师（如果有的话）、一半来自工作区域员工，一半来自其他区域员工（包括支持组织、供应商、客户和管理层）。

3）价值流经理（VSM）将作为团队成员，学习识别浪费和确定团队领导（工作区域主管）的精益技能水平。VSM 的参与必须是全职的，不得中断或缺席。如果活动涉及 VSM 的价值流，则 VSM 将成为发起人和团队成员。

（4）与改善相关的投资成本必须获得 VSM 批准。投资成本应保持在最低限度，不得超过 1 500.00 美元。任何超过 1 500.00 美元的成本必须获得指挥部或更高级别的批准（如果需要）。

5．联系人为 Kennith Brumley 先生，分机为 3455。

丹尼尔·G. 米切尔（Daniel G. Mitchell）
上校
指挥官

分发：
RRAD 指挥与参谋
RRAD 办公室主任
RRAD 主管

图 E-4　指令（续）

加速聚焦"示范"价值流

尽管 RRAD 在精益转型的初期专注于 HMMWV 重建流程，但随后几年的活动已经扩展到整个仓库。现在，我们将重点转移到"示范"价值流上，这代表了通过专注于 RRAD 内部高可见度、高产量的价值流来更快地实现收益的机会。这些价值流的活动速度和资源配置将大幅提高，达到 $n/5$ 的活动速度。

精益部署政策指令中指出："RRAD 将实施体现最高精益实施水平的示范价值流。我们将推动这些领域的精益实施达到新的高度，使示范价值流在仓库乃至整个美国陆军中都处于领先地位。示范价值流是强大的变革管理工具，为整个组织提供持续改进的未来愿景。"

目前有两个价值流被选为示范价值流。中型战术车辆系列（FMTV）价值流被选为首要价值流，原因是军队中相关资产数量（近 78 000 辆）和 RRAD 的潜在工作量。以 $n/5$ 的活动速度开展工作，意味着每周大约要进行两次快速改善活动。第二个示范价值流是次要项目价值流，涉及发动机和变速箱等支持其他价值流的项目。这一价值流为 RRAD 提供了最大工作量和最长持续时间，并且被认为最容易转移到其他地方。同样以 $n/5$ 的速度运作，这一价值流也将每周进行大约两次改善活动。防地雷反伏击车（MRAP）价值流，作为美国国防部最优先的采购计划，被选为未来可能的示范价值流，这为 RRAD 在重置和大修方面提供了一个重要的机遇，以展现其卓越能力。

持续改善是一个永无止境的过程，因此重新审视流程至关重要，以暴露新的浪费和改善机会。根据精益政策部署指令，每个示范价值流需要进行价值流分析（VSA），并在 6～10 个月的周期内开展活动。在此期间，改进后的价值流将重新进行价值流分析。该政策要求每个示范价值流进行 5 次迭代，目标是将流程时间缩短 90%，生产率提高 50%。

尽管精益工作的主要焦点将集中在示范价值流上，但 RRAD 仍将继续对其他价值流以及行政领域进行价值流分析。该政策指示，所有直接影响示范价值流生产的行政领域也将使用精益技术进行审查。这要求物资管理部（供应链经理）、合同办公室、公共工程部（设施和设备经理）以及质量部完成价值流分析，并以更快的速度（$n/5$）推进精益活动。其他行政领域和价值流则需要以 $n/20$ 的速度开展价值流分析和改善活动（见图 E-5）。

为成功而投资

为了支持精益部署政策并加速在示范价值流和支持组织中的精益迭代，精益办公室需要增加资源和能力。RRAD 在 2009 年推动了精益办公室的资源建设，目标是达到建议的 3%的指导方针。然而，为了支持加快步伐和领导力沉浸，需要额外的资源。活动周期持续 7 周，包括准备、支持和跟进活动的时间。RRAD 已经制定了一个正式流程，为引导师提供培训，并为价值流分析和活动收集数据。目前，RRAD 在整个组织内聘用了 51 名引导师来支持这些精益活动，以增强长期精益员工的力量。

对持续改善的额外关注被认为是精益部署政策取得成功的关键。精益办公室已经制定了一种方法来跟踪改善的可持续性，并为这些努力提供支持，同时确定如何在组织内部以最佳方式重新部署受精益改进影响的人才。精益办公室还跟踪活动进度和活动投资回报率，并制定了调查问卷，通过监测参与精益活动的员工和领导的士气来衡量文化变革。与其他使用精益生产工具的行业合作伙伴的研究结果类似，领导层发现，随着参与精益活动的经验增加，员工对工作、同事和管理层的感受也会改善。

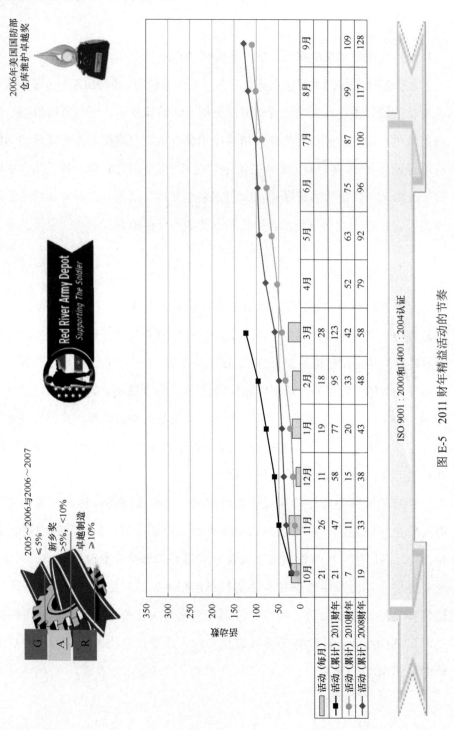

2006年美国国防部
仓库维护卓越奖

Red River Army Depot
Supporting The Soldier

2005~2006与2006~2007
≤5%
新乡奖 >5%, <10%
卓越制造 ≥10%

G
A
R

度假率	10月	11月	12月	1月	2月	3月	4月	5月	6月	7月	8月	9月
活动（每月）	21	26	11	19	18	28						
活动（累计）2011财年	21	47	58	77	95	123						
活动（累计）2010财年	7	11	15	20	33	42	52	63	75	87	99	109
活动（累计）2008财年	19	33	38	43	48	58	79	92	96	100	117	128

ISO 9001 : 2000和14001 : 2004认证

图 E-5　2011 财年精益活动的节奏

208

领导力沉浸计划

精益转型的成败往往取决于领导层的承诺和支持。成功的精益转型总是从高层领导的积极参与开始。米切尔上校认为，组织各级领导必须达成共识，充分理解实施变革举措的目的和重要性。精益转型数据显示，在一个人完全"认同"精益的好处并开始养成消除浪费的思维方式之前，需要参加8～10次改善活动。因此，高层领导的积极参与对转型成功至关重要。

精益部署政策对领导层的参与提出了具体要求，包括：

- 要求所有领导者每月全程参与一次精益活动。具体来说，这包括领导团队中的前35名成员，涵盖指挥与参谋、部门主管、分部主管、主管以及其他一线领导，他们必须每月全程积极参与为期一周的活动。在前8个月内，这些活动中有一半需要在示范价值流区域进行。
- 将个人和团队层面的参与情况纳入绩效考核。
- 将参与价值流分析（VSA）和快速改善活动（RIEs）作为晋升和管理层选拔的评分标准之一。在其他招聘中，如果所有其他技术技能相等，精益参与的成功经验将决定职位候选人的录用。

精益办公室负责分配并跟踪各领导者的活动参与情况。这代表了领导层对时间的重大投入。每个月，指挥参谋会议都会讨论和审查参与情况。此外，还建立了"战情室"，用于展示仓库、部门和车间层面的关键绩效指标。每周会在战情室召开会议，审查指标、讨论进展并解决问题（见图E-6）。

米切尔上校和指挥小组也积极参与其中。米切尔上校恪守"从高层做起"的原则，每月都会亲自参与精益活动。此外，他每天还会进行两小时的现场巡视，审查变革举措的进展情况，提出问题并与员工交谈。他认为这段经历非常宝贵："通过亲自参与活动，深入分析和了解某个领域，我能够作为领导者在现场巡视和汇报中提出更好的问题。"

图 E-6　战情室

同样，领导层的深度参与对结果和文化都产生了显著影响。高级领导者参与活动不仅能够改变他们的思维方式，还能加速变革的进程。米切尔上校指出，到目前为止，已经观察到以下几个方面的影响：

- 领导者对自己参与的工作流或领域表现出个人兴趣，即使他们不是该工作流或领域的主要负责人。
- 参与活动促使领导者主动检查并确保变革带来的改进能够持续下去。
- 当提出改变工作流程和资源需求时，参与改善周活动和变革的高层领导通常能够更快地推动资源的支持。
- 领导者在活动和后续行动中的可见度提高了员工的整体参与度、投入度和持续的工作改善，因为员工知道高层领导正在亲自监督改善工作。
- 领导者将 A3 思维和精益工具作为解决问题和制订计划的标准方法。

从个人经历来看，领导层对精益实践的体验非常积极（见图 E-7 中的引述）。这种体验带来的兴奋感、意识提升以及亲眼见证变革迅速取得成效，使领导层对工作流程和员工面临的挑战有了更深刻的理解，成为 RRAD 领导层中强大的文化驱动力。

参加过领导力沉浸计划的高层领导的感言

我坚信领导者要以身作则。经验表明，如果领导者不愿意身体力行，那么很少有人会跟随。这种领导力沉浸式体验向员工展示了"回归精益基础"对于高级管理人员的重要性，以至于他们愿意清空日程表，投入时间参加精益活动。参与精益活动让我和其他领导者洞察到日常问题，这些问题本来可能会被忽视。保持精益活动的势头对我们的持续流程改善之旅至关重要，这将使红河陆军仓库能够应对当前的挑战，并为未来做好准备。

丹尼斯·L. 刘易斯（Dennis L. Lewis）

RRAD 业务管理总监

精益流程在识别和消除浪费方面有着不可估量的作用。从表面上看，那些看似简单的生产任务可能会带来巨大的挑战。通常，未记录的工作、未知的零件或硬件问题、零件的位置、返工或准备工作以及所使用工具的质量——当这些问题被记录在纸上、与主题专家讨论并集思广益时，它们会揭示出最多的浪费。让我印象深刻的是，精益流程能够帮助您同步、简化并确保流程高效、精益且专注于支持最终产品。我的启示是，您经常会在"简单"的任务中发现浪费和节约的机会。

华莱士·恩布雷（Wallace Embrey）

RRAD 安全总监

每完成一项活动，我都会被那些致力于不同价值流的员工所展示的渊博知识和创新思维所折服。当员工参与其中、获得授权并掌握精益工具时，他们能够迅速发现并消除浪费。员工的参与是促进"认同"并推动组织文化变革的绝佳方式，这对于持续改善至关重要。

特雷莎·韦弗（Theresa Weaver）

RRAD 办公室主任

作为团队成员参加精益 RIE 活动是一次大开眼界的经历，让我对精益流程有了更深的理解。在团队协作下，我们成功识别出了维护总局 FMTV 检验流程中的浪费和非增值步骤，并显著减少了检验团队所需的时间。每个人都为 RIE 流程带来了宝贵的洞察和视角，使团队和整个 FMTV 价值流受益匪浅。我坚信，积极参与和领导沉浸于活动中无疑是强化精益文化的有效途径，我们希望在每一位员工身上每天都能看到这种文化。

詹姆斯·P. 蒂德威尔（James P. Tidwell）

RRAD 副指挥官

图 E-7　领导力沉浸计划对 RRAD 的影响

领导层的参与至关重要，但确保组织在日常工作中贯彻精益原则同样不可或缺。精益部署政策明确规定了领导者的期望，要求他们确保其所在部门和领域使用以下精益原则/工具。该政策指出："每位总监、办公室主任和价值流经理（VSM）将负责确保其组织采用下列精益原则/工具。"这些原则/工具包括：

- **标准工作**：对执行任何特定流程或任务的最安全、最优质和最高效的方法的书面描述（应由主管人员不断改善和更新）。
- **5S**：用于工作场所的组织和标准化。
- **单件流**：在工作单元内将一个工件在各操作之间移动。
- **可视化管理**：使用可视化辅助工具或设备，在 15 秒内看到生产指标和状态。
- **拉动**：响应客户的拉动或需求。

文化变革

组织的关注点在很大程度上取决于领导层关注的内容。遵循"不能衡量就无法管理"的理念，RRAD 领导层投入大量时间和资源来跟踪精益指标和活动，持续实施和开发方法以跟踪和支持改善的可持续性。

为了推广精益文化，我们为所有员工提供两小时的培训，涵盖精益部署政策中概述的 5 个领域。此外，员工还有机会担任为期两年的精益引导师，这是一个具有高知名度的职位，有助于个人晋升。

此外，精益简报是所有会议和沟通的主要焦点，旨在使精益流程成为"我们的工作方式"。精益是季度领导力培训的一部分，精益活动、目标和成果是 RRAD 内部沟通机制的核心内容。米切尔上校每月都会通过闭路电视与员工交流，确保精益政策部署和精益工作的重要性得到广泛关注。每月的员工通信也会强化精益的信息、基本原理和进展。然而，最重要的是米切尔上校在日常和每周与组织领导者的会议中对精益的强调。

红河陆军仓库每天都会召开团队领导会议，讨论精益活动的持续进展和所需资源。此外，每天还会举行两次精益活动会议，与仓库领导和团队成员一起，汇报 VSA、2P（流程准备，见附录 A）、RIE 以及问题解决与纠正措施（PSCA）的结果，并庆祝团队取得的成就。

当员工的声音被听到时，他们便被赋予了权力，并能够在自己的工作领域产生积极的变化。在红河陆军仓库的运营系统下，员工通过多种方式获得授权。通过积极参与精益活动（即 $n/10$，示范价值流中的 $n/5$），他们在团队中共同改善工作流程。此外，他们还在每个成本中心设有指挥中心持续改善看板，用于识别想法或问题。他们可以参与美国陆军建议计划，有可能因出色的建议而获得经济奖励。也许最重要的是，在每天开始和结束时，他们都会在与主管的日常问题解决会议上提出自己的改进意见。授权是改变文化和提高员工工作满意度的另一股强大力量。

保持势头

米切尔上校在文化、成果以及思维方式上看到了显著成效。他表示："自从我们启动这项政策以来，我观察到了更多的突破性思维，以及更多挑战我们工作方式的意愿。"除了 RRAD 面临着竞争压力、联邦资金以及基地调整与关闭流程风险等多方面的严峻考验，米切尔上校还有一种不同寻常的紧迫感。再过几个月，他将结束对 RRAD 的 3 年任期。尽管他们最近更新了转型计划并制定了未来 5 年的战略部署，但他的目标是在精益文化中创造一股不可逆转的势头，使其超越他的任期，为 RRAD 未来的生存和成功铺平道路。

通过精益政策部署和显著的领导力沉浸，加上已经建立的结构和工具，显而易见，这股势头已经存在，精益文化在 RRAD 内部不断深化，并可能持续到未来。如果确实如此，这很可能正是 RRAD 所需要的免疫力，用于保护组织免受未来可能的基地调整与关闭影响，并确保其成为世界一流的组织。

附录 F

采用精益原则的新产品设计系统

克里斯·库珀（Chris Cooper）

罗伯·韦斯特里克（Rob Westrick）

Simpler 咨询公司

精益能够显著提升新产品的设计，而早期决策尤为关键。对于已经开始精益转型的企业来说，通常会优先考虑消除新产品开发流程中的障碍，确保这些流程能够顺畅地融入价值流中。对于那些希望进一步解决上游问题的人，以下是一些关于新产品开发流程的建议：

1. 在最高层面上，必须将新产品开发过程视为一种非重复性流程，而不是像工厂生产流程那样的重复性流程。

2. 设计工作可以看作是一种流动过程，采用同地办公的跨职能团队有助于减少设计工作流程中的浪费。

3. 消除浪费应从 3 个关键方面入手：

（1）消除产品浪费——避免设计中因包含或遗漏功能导致无法为客户创造价值。

（2）消除知识浪费——避免重复学习组织已知和遗忘的知识，或学习组织之前未能掌握的知识。

（3）消除流程浪费——识别并消除任何流程中都存在的 7 种浪费（见第 2 章）。

4．避免过度简化的新产品开发流程记录，让每个项目在一定程度上自主定义其流程。

5．在整个设计流程中存在两个截然不同的阶段：

（1）探索阶段——学习发生并产生概念。

（2）执行阶段——做出决策并实现设计概念。

简而言之，新产品开发（NPD）流程必须简单到每个人都能在 15 分钟内理解。这些基本原则需要被定期且务实地应用，并逐渐成为团队的集体习惯。对于许多 NPD 领域的专业人士来说，实用主义和简单化并不是他们日常工作的主要特征。技术工作通常是复杂的，而且容易让人迷失其中。在处理数据和规范以及基于证据进行决策时，注重细节是非常重要的特征。因此，许多参与 NPD 的人员一开始都很难理解"少即是多"的理念。

尊崇权衡曲线

深入理解客户需求后，新产品开发的核心任务是创建解决方案，平衡并优化众多相互冲突的需求。比如，现代汽车的电子机械悬挂系统可以根据不同的行驶条件进行调整。每一次优化都需要在乘坐舒适性与车辆动态控制之间进行精准权衡，以实现卓越的驾驶性能。

所有新产品开发工作都是一种权衡利弊的平衡之举。围绕这一点的知识和学习是任何组织培养新产品开发能力的真正"秘诀"。关键在于，组织必须能够捕捉到这些宝贵的权衡知识，并将其系统地传授给未来的团队成员。如果缺乏这种权衡知识，每个项目都将面临从头开始的风险，这无疑增加了不确定性。

保持极简

如前所述，新产品开发流程分为两个不同的阶段：

1．探索阶段

2．执行阶段

这两个阶段彼此迥异，虽然它们在实践中常常交织在一起，以期通过并行工作节省宝贵的时间，但我们仍然坚持认为应该始终独立地对待它们，正如图 F-1 所展示的那样。每个阶段进一步细分为两个子阶段，这些子阶段以菱形呈现，象征着几个关键的概念：

- 整个新产品开发流程应当理解为包含多个层次的细节（子阶段）。

- 每个菱形的大小代表随着项目进展不确定性的逐步降低。

- 这项工作本身体现了一种思维模式，即先扩展探索，后收缩精炼。

- 每个子阶段本质上都是不同的思维挑战，因此必须保持思维效率，避免混淆。

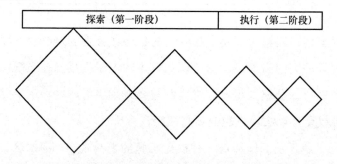

图 F-1　新产品开发的两个不同阶段

探索阶段（见图 F-2）聚焦于问题的探索："我们对这个项目还有哪些不了解的地方？"这一阶段的工作是生成答案，制订潜在的解决方案，并根据既定的成功标准对其进行评估。相对地，执行阶段（见图 F-3）主要聚焦于详细阐述最佳解决方案，并创建产品或服务的有形部分。

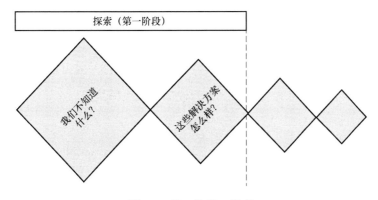

图 F-2　第一阶段：探索

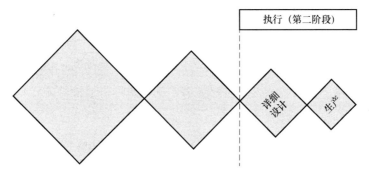

图 F-3　第二阶段：执行

此时，通常会出现一个常见的问题："如果所有关于流程改进的建议都主张在前期投入更多资源，为什么领导者往往不批准呢？"

在探索阶段，很少有东西看起来是具体的。这一阶段的大部分时间花费在讨论和对话上，即便采用了最佳方法，其成果也主要体现为一系列简洁的文档，比如实验结果、数据表格和权衡图表等。领导者通常需要看到具体的成果，才能确信他们的投资能够取得回报。然而，真正的价值往往隐藏在那些"我们不知道的东西"中，以及通过实验获得的新发现和新知识。只有这样，您才能确信知识和决策的流动已经产生了解决方案，并经过正确的探索提炼出了少数几个精选方案。

这种方法确保了执行阶段可以完全专注于详细设计新产品或新服务中要实现的所有有形产出。这包括图纸、工具、生产设施、服务手册和许多其他具体成果。这些有形的成果更容易被看作是"进展"，并且可以直观展示。然而，在探索阶段的投入对于确保执行阶段的高效至关重要。

承诺点的重要性

"承诺点"是领导者必须理解的关键概念，它标志着领导者向项目团队以外的利益相关者承诺交付结果的时刻。这些承诺可能涵盖成本、时间表、性能和资源可用性等多个维度。值得注意的是，最早的承诺点通常在探索阶段的"我们不知道什么"部分完成之后才会出现。即使如此，这种情况也极为罕见，它假定团队已经清楚地理解了客户的需求，并且能够通过以往的解决方案组合来实现项目目标。

然而，对于大多数项目来说实际情况是，即便团队明确知道"我们不知道什么"和"我们认为解决方案应该是什么"，差距依然存在。许多组织往往会在这里陷入困境，因为外部利益相关者在"这些解决方案怎么样？"这一子阶段急于获得任何可能的信息，往往不自觉地推动团队走向承诺点。虽然像约翰·F. 肯尼迪（John F. Kennedy）总统宣布的"我们选择在这 10 年内登上月球"那样的开创性、有远见的项目确实存在，但像许多领导者和营销专家那样将每个项目都当作"登月计划"来推进，显然是不切实际的！

因此，最佳的"承诺点"应当是在探索阶段圆满完成之后（见图 F-4）。此时，团队已经对项目的未知因素有了充分的了解，并且准备好了进入执行阶段，以实现项目目标。

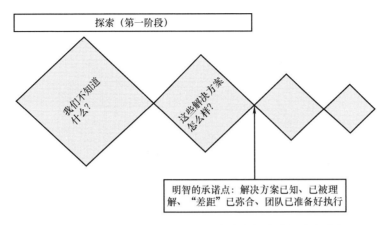

图 F-4　新产品设计中的"承诺点"应该在探索阶段结束时出现

探索子阶段

在这个过程中，探索子阶段的活动具体包括哪些呢？让我们先来看看"我们不知道什么？"的前半部分发生了什么。基本上，探索子阶段的前半部分是一场汇集了各个领域经验丰富的技术人员之间的跨学科对话。这场对话的目的在于全面理解需求——从各利益相关者的角度出发，识别需求中尚不明确的地方，以及确定当前各利益相关者的知识差距（见图 F-5）。因为这一过程是对话式和多维度的，它应该在一个专为此类工作设计的"大部屋"（见附录 A）中进行，采用精益的快速行动方法和面对面沟通，而不是依赖通常缓慢且低效的电子邮件讨论。在这个阶段，选择合适的参与者至关重要。您需要的不仅是来自各利益相关者群体的代表，而且他们必须足够聪明，能够认识到自己知识的局限，并能够坦诚地表达自己的观点。这场讨论应该是广泛的，领导者必须确保有足够的时间和空间来探讨所有问题和未知因素，同时避免通过过早决策草草结束对话。

在"我们不知道什么？"这一阶段的后半部分，团队将转向专注于学习和知识生成。随着对需求的进一步细化和深入理解，当前知识和能力的差距将变得更加明显（见图 F-6）。

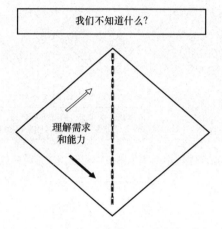

图 F-5　探索子阶段一始于理解需求和知识差距

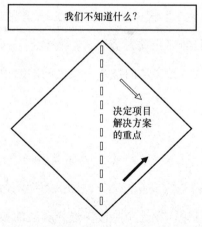

图 F-6　探索子阶段一结束于知识聚焦

探索子阶段的跨学科团队肩负着完成该阶段并记录以下 3 个关键方面的使命：

1. 讨论的原因和内容。

2. 如果团队采用系统思维对挑战进行"分层"，需要阐明定义的层级及其背后的逻辑。

3. 获得的组织学习成果。

在探索阶段的第一个子阶段中期,应进行一次内部团队审查,并在进入第二个子阶段之前,进行更广泛的利益相关者审查。

探索阶段的第二个子阶段"这些解决方案怎么样?"涉及同时生成和研究多个解决方案。这些方案将根据项目需求与前一子阶段发现的知识差距相结合。在解决方案菱形的前半部分,关键在于避免过早地将选择范围缩小到单一答案,而应保持开放,探索多种可能的解决方案(见图 F-7)。这种方法称为"多方案并行产品开发",对于那些习惯于重视决断力并且所有经理都有"急功近利"基因的组织来说,这是一门需要学习的学科。作为领导者,您必须坚信,在探索阶段"慢工出细活"确实是值得的。

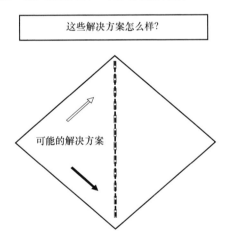

图 F-7 探索子阶段二始于探索多种可能性

坚持研究多个概念,不仅能增强组织学习,还能为下一个子阶段积累宝贵的知识储备。

在这一子阶段的后半段,团队在努力确定"最佳解决方案"的过程中,通常会逐渐聚焦于所谓的"超级概念",而这一概念往往整合了前半部分探索的多个属性(见图 F-8)。与典型的"选出一个赢家并得出结论"的方法不同,这种方法能够带来更加丰富的解决方案和更大的创新突破。在第二个菱形阶段结束时，团队将整合各个可能解决方案的最佳元素，形成一个混合解决方案，并继续缩小范围，直到最终确定解决方案。通过突破性创新、权衡和有意识的妥协，团队将探索并填补所有必要的知识差距。

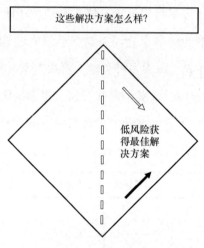

图 F-8　探索子阶段二以缩小到最佳解决方案结束

探索阶段的活动应始终保持内部进行，避免外部视线的干扰，外部参与应仅限于能够尊重隐私的战略合作伙伴。任何对战略隐私的侵犯都可能导致过早公布成果，损害后续步骤。我们的目标是确保团队能够专注于执行阶段的工作。

执行子阶段

在新产品开发的过程中，执行阶段标志着从概念到现实的飞跃。这一阶段被细分为"详细设计"和"生产"两个关键子阶段（见图 F-3），它们共同构成了新产品开发流程的后半程。"详细设计"作为第三个子阶段，是将探索阶段的成果转化为具体设计细节的时刻。在这个子阶段的初期，所有重大问题都已解决，团队的焦点转向细节设计（见图 F-9）。在传统的设计流程中，这可能意味着详尽的图纸绘制，而在计算机辅助设计（CAD）的三维（3-D）世界中，这代表着详细模型的构建。然而，在精益原则的指导下，这一阶段的设计工作应保持跨学科协作，确保所有利益相关者的需求得到同步考虑。比如，设计师在模型中细化选项的同时，模具专家、物流人员、服务支持团队和所有其他利益相关者也在并行推进，定义他们各自的详细解决方案。

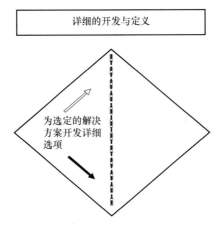

图 F-9　执行子阶段三始于跨学科方法的详细选项开发

这种同步工作模式的关键在于保持团队的协作精神，避免回归到"更简单、更安全"的顺序工作模式。同时，鼓励团队探索多种可能的解决方案，而不是过早地专注于单一方案。秘诀在于不断挑战团队"他们可以做什么"，通过持续的跨团队对话最大限度地发挥工作潜力。这就像在探索阶段鼓励扩展概念方案一样，在开发阶段也应鼓励扩展细节方案。同样，在第三个子阶段的中期，应进行一次内部团队审查，确保整个跨学科团队对项目有全面的理解。

在完成广泛的工作后，团队将缩小所选细节的范围，并最终确定定义。定义将是商定的细节解决方案，构成实现项目目标的最佳跨学科组合（见图 F-10）。继续并行推进各项工作，将极大地缩短准备时间。由于所有重大决策都已在探索阶段做出，此时项目的风险水平较低，返工的可能性也较小。

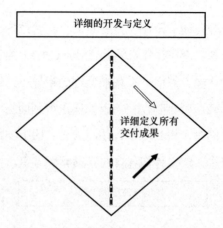

图 F-10　执行子阶段三以完成所有交付成果的详细解决方案结束

新产品开发的最后阶段是生产。许多新产品开发人员在这一阶段会感到紧张，但通过跨学科团队的持续参与，可以有效避免责任推诿。

生产阶段的第一部分是提高产量（见图 F-11）。在生产过程中，保持跨学科团队来规划和执行增产计划至关重要，而不是退回到按部就班的工作方式，或者更糟糕的，"只是把它留给生产"。到了生产阶段的后期，资源可能有所减少，但跨学科团队的协作能够确保增产计划顺利进行，减少错误。

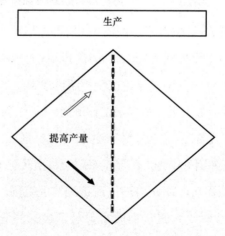

图 F-11　执行子阶段四始于提高产量

　　生产阶段的后半部分，重点转向"系列（或批量）生产和持续改善"（见图 F-12）。由于许多项目目标要到实际生产和交付新产品时才能完全实现，因此建议由跨学科团队继续进行持续改善。这一阶段也是将经验教训反馈到组织知识库的关键时刻，可为未来的项目提供宝贵的参考。

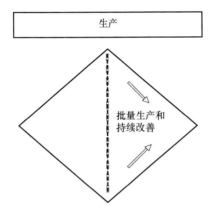

图 F-12　执行子阶段四以批量生产或大规模生产和持续改善结束

使用精益原则进行新产品设计的工具

　　在新产品开发系统的探索和执行阶段，我们有众多工具可供使用。图 F-13 展示了一系列工具及其使用的典型阶段。然而，如同所有精益工具一样，它们的效果取决于能否正确和恰当地使用。

　　最后，在结束对新产品开发系统的概览之前，我想特别强调一个问题：避免工作阶段之间的重叠。在某些情况下，为了追求更快的进展速度，总是会有同时开展多个子阶段工作的冲动。但是，这种做法往往会导致项目陷入各种问题，并最终浪费宝贵的时间和资源。如果您发现自己正处于时间紧迫的境地，更明智的做法是在下一个子阶段寻求改善，而不是试图让各个阶段的活动并行进行。

精益赋能

从逆境求生到卓越增长（原书第 2 版）

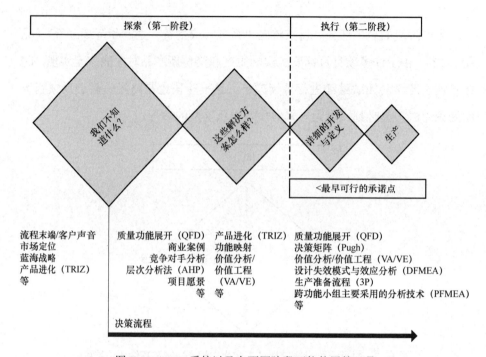

图 F-13　NPD 系统以及在不同阶段可能使用的工具

226

附录 G

奥托立夫——赋权解决问题

凯西·怀特海德（Kathy Whitehead）

斯科特·萨克斯顿（Scott Saxton）

在犹他州北部的奥托立夫奥格登装配厂，除了每年生产并向全球客户交付 2 100 万个安全气囊的任务，您还会看到团队成员们聚集在各自的工作单元，致力于持续改进工作。这些跨班次的单元成员，包括引导师、导师、维护技术员以及必要的支持人员，共同构成了一个专注于改善的集体（见图 G-1）。

图 G-1　奥托立夫奥格登装配厂的问题解决团队

尽管这些基于团队的积极变革方法看似并不特别，甚至对于旁观者来说颇为平常，但这些在奥托立夫术语中被称为"专题研讨会"的活动已经成为其持续改善文化的核心支柱。对于奥托立夫而言，随着公司努力保持其在汽车乘员安全产品市场的领导地位，这些活动也被视为公司的重要竞争优势。

尽管该工厂曾两度荣获"新乡卓越制造奖"，但管理层和团队的成功主要归功于这些研讨会中弥漫的赋权氛围，而非公司的流程。在这种氛围内，每个小组成员都积极参与，找出问题的根源，并实施必要的纠正措施，以确保问题得到持久解决。

团队依托奥托立夫 8 步问题解决法中的工具，深入挖掘并消除导致绩效障碍的根本原因。此外，团队成员最终将负责确保采取正确的对策并实现绩效改善的标准化，因此他们也有责任在第一时间找出问题的根本原因。

改善的演变

毋庸置疑，这种赋权文化显然并非一蹴而就。与所有处于精益发展阶段的公司一样，奥托立夫在这方面的努力已经历了多年积淀。早在 20 世纪 90 年代中期，运营管理部门就引入了约束管理的概念，这标志着奥托立夫首次尝试标准化解决问题的方法。通过专注于解决流程中的瓶颈问题，奥托立夫成功地提升了产品的整体流动性和效率。然而，这些活动大多由管理层主导，导致一线员工几乎完全被排除在决策过程之外，许多有益的改善建议也被束之高阁。

1998 年，丰田的原田隆史（Takashi Harada）先生开始指导奥托立夫实施丰田生产方式。在他的鼓励下，奥托立夫开始正式征集员工的改善建议，作为持续改善流程的一部分。虽然这是朝着正确方向迈出的一步，但也带来了行政上的挑战，因为管理者们需要努力寻找最佳的推广方式、管理流程和奖励机制。早期通过奖金和抽奖活动奖励员工建议的做法很快消耗了大量资源，因为主管和经理们试图评估每个想法对公司的实际影响。此外，仅审查建议的周转时间就攀升到了惊人的 30 天！

为了提升流程效率，奥托立夫引入了计算机技术，旨在减轻员工提出改善建议和管理层审批的负担。这一尝试的效果喜忧参半。虽然结构化数据有助于简化流程并缩短审查时间，但计算机化流程却剥夺了员工与管理层在审批过程中的一对一互动机会。实际上，员工可以在不与任何团队成员或主管交流的情况下，独立完成从构思到实施的整个改善建议过程。

从今天来看，这种孤立的改善方式显然是适得其反的。但在当时，由于改善建议不断涌现，管理层将主要精力放在巩固基于丰田模式的奥托立夫生产系统（Autoliv Production System，简称 APS）（见图 G-2）。当时公司正处于剧变和快速扩张的关键时期，墨西哥作为制造中心的战略地位日益凸显，迫切需要精通 APS 流程的专业人员，将精益制造原则整合到整个北美地区。为满足这一需求，奥托立夫从美国工厂派出管理人员——其中许多人曾接受过原田隆史先生的亲自指导——向其他国家的同事传授 APS 的运营理念，为今天普遍存在的团队合作和标准化工作奠定了坚实基础。

唤醒沉睡的巨人

进入 21 世纪中期，随着 APS 在加拿大、墨西哥和美国的工厂中牢固确立，北美管理层开始将目光转向内部潜力的挖掘。面对材料成本上涨、乘客安全产品价格下降以及行业竞争加剧，管理层意识到是时候唤醒沉睡的巨人——激发员工的潜能了。

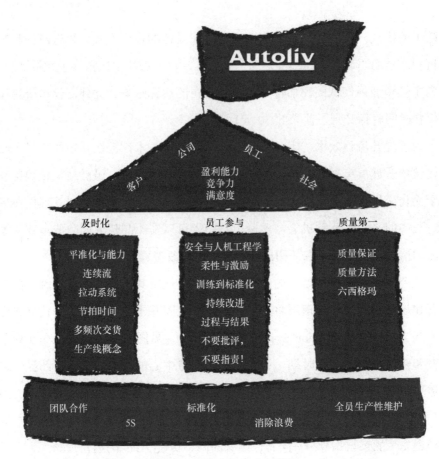

图 G-2　奥托立夫生产系统屋

　　然而，仅仅激发员工潜力而不加以正确引导，往往收效甚微，甚至可能导致资源浪费。如果力量分散在过多方向上，更会产生稀释效应，阻碍工作进展。这正是奥托立夫北美公司当时面临的挑战。多年来，公司一直沿用自上而下、基于职能的战略计划，导致部门之间存在隔阂。尽管各部门独立解决问题和改进，但很少有人能够充分利用跨职能、跨工厂团队的力量，共同实现目标。在这种背景下，方针管理（Hoshin Kanri）或政策部署应运而生（见附录 A 中的"战略部署"和图 G-3）。

　　奥托立夫北美领导层认识到，必须将众多员工建议中的能量和创造力从日常琐事中解放出来，集中用于实现公司总体目标和保持竞争力。在北美，公司确立了三个最高目标：客户满意度、员工满意度和股东满意度。自那时起，工厂经理们开始系统地调整战略，通过集中解决问题和改善活动，与员工共同创造预期成果。管理层遵循"与其告诉人们如何解决问题，不如告诉他们问题是什么"这一理念，把真正的决策权交给负责的人，充分信任团队。在这一过程中，管理层对员工展现出的聪明才智感到惊讶，因为员工积极响应了这种新获得的赋权感。

图 G-3　奥托立夫的愿景和方向通过政策部署在整个组织内传达

当然，缺乏知识支持的赋权是毫无意义的。因此，奥托立夫确保所有员工定期接受培训，强化 APS 基础知识。每年有数百名员工报名参加"APS 大学"的强化培训，通过在工作单元中的实践经验，学习如何应用首次质量、防错和六西格玛等原则。

在奥托立夫奥格登的安全气囊装配厂，员工的改善活动数量在 3 年内从每位员工约 15 次飙升至超过 60 次。随着政策部署范围的进一步集中，到 2008 年，该工厂几乎实施了所有改善措施，并为公司目标的达成做出了巨大贡献。

转变问题范式

今天，奥托立夫全球的员工都积极参与各种团队活动，旨在通过应用 APS 原则推动持续改善。其中，"专题研讨会"被认为是最成功的方法之一，并在奥格登安全气囊装配厂得到广泛应用。通过让员工解决工作单元中的实际问题，这些研讨会不仅有效改进了改善流程，还提升了员工的问题解决能力。由于这些研讨会汇聚了白班、轮班和夜班的团队成员，生产线上的所有员工都能对实施的改善措施和流程改进产生直接影响。

过去，构建赋权员工解决问题的文化面临的最大障碍之一是如何界定"问题"。公司曾采用"会哭的孩子有奶吃"的伪流程来识别问题，但很快就发现，当问题变得显而易见时，往往已经错过了简单解决的最佳时机。这时，管理层通常不得不投入大量的时间和资源来应对问题。

然而，随着奥托立夫开始建立强大的绩效衡量系统，公司对"问题"的传统定义发生了变化：任何未满足的期望，无论大小，现在都被视为问题。在这种进步的新思维模式下，管理者能够有效调动全员力量，及时解决日常小问题，并对复杂问题进行深入剖析。通过让员工参与、征求反馈并实施建议，公司建立了更高水平的相互信任。此外，像奥托立夫 8 步问题解决法这样的工具被添加到工具箱中，为团队提供了一个易于遵循的模板，帮助他们找到改善方案。

今天，通过在工作现场应用政策部署，每个工厂都制定了具体的策略或者说是工作现场的"任务"，确保协调一致地解决问题。安全、质量、交付和成本等目标成为指导奥托立夫员工改善活动的工作现场任务。

每项任务都有相应的 APS 系统来衡量绩效并突出异常情况，使问题一目了然。可视化的工作场所对于营造"机会均等"的环境至关重要，因为在这样的环境中，每个人都能看到问题所在。每个工作单元的状态板反映了当前绩效，并为改善活动提供了指导（见图 G-4）。

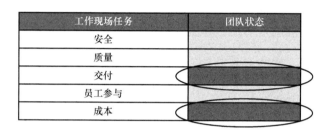

图 G-4 状态板为团队改善活动提供了可视化指导

注：不同灰度表示当前绩效与目标的差距状态。在这个例子中，工作小组
可以将研讨会的重点放在改善成本和交付上。

通过这些看板，团队成员可以轻松识别问题、审查数据，并组织团队制定和实施解决方案。

管理变革

任何问题解决流程的目标都是为团队提供系统的路线图，使他们能够结合自身的知识和背景，集中精力找到问题的根本原因并采取行动加以消除。这一点显而易见，如果没有管理层的全力支持，这样的努力往往会徒劳无功。管理者如果未能设定明确的期望、提供必要的资源、预留充足的时间或持续跟进团队，都会导致团队的努力付之东流。相反，真正擅长赋权团队的管理者会确保成功所需的一切准备就绪，并在团队达成目标甚至超越预期时，适时地退居幕后。

通过采用 4 步方法，管理者和主管能够深入理解问题，设定改善期望，并提供及时跟进。这种方法的一致性是推动成功的关键。然而，问题解决的时机和方式同样重要。一年一次的问题解决活动不足以实现变革，也无法培养出能够熟练运用问题解决工具进行持续改善的团队。要通过问题解决实现真正的变革，不仅需要管理层的定期跟进，还需要员工的持续参与。

从根本上解决问题

在奥托立夫，团队成员日复一日地投身于收集、分析和理解工作单元中的最大改善机会，这些机会与工作现场的五大任务紧密相连。使用如图 G-5 所示的简单表格，团队可以通过系统地规划来保障成功，因为他们遵循奥托立夫基于福特 8D 问题解决法的逐步研讨会方法。

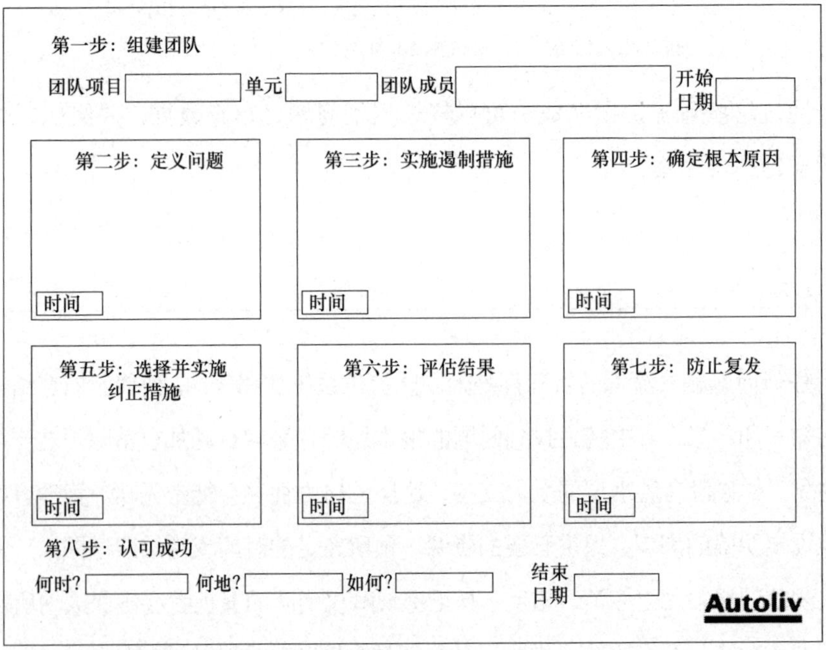

图 G-5　解决问题时使用的表格

注：团队在解决问题时使用这张表格来记录重要步骤，以便向客户、管理层和其他团队总结进展情况。

所有奥托立夫团队都遵循相同的8D问题解决流程——无论问题涉及首次质量、安全还是任何其他关键任务目标有关，以下是这些步骤的详细阐述。

第一步：组建团队

没有任何一个团队成员拥有整个团队所需的全部知识。因此，第一步是召集那些受问题影响最大的一群人，共同寻找解决方案。拥有不同技能和专业水平的跨职能团队通常是最有效的。每个团队都会配备经验丰富的引导师、团队领导或导师，他们对问题解决流程了如指掌。

第二步：定义问题

尽管这一步看似简单，甚至有些多余，但清晰地描述问题是找出根本原因的关键。如果缺乏对问题清晰准确的理解，团队解决问题的可能性将微乎其微。在这一点上，团队应该问自己4个主要问题：

- 问题是什么？
- 我们如何衡量它？
- 如何定义问题的解决？
- 流程/产品的当前状态如何？

如前所述，问题的定义是指实际结果与客户期望之间的任何差异。因此，在回答这些问题时，团队还必须考虑背景信息，比如客户是谁、客户的期望是什么以及流程/产品未能满足客户期望的原因。

一旦问题得到了清晰的定义，团队便可以描绘出解决方案的轮廓。对未来状态的清晰认识至关重要，因为它将激励团队采取行动。奥托立夫采用SMART准则来设定目标，帮助团队避免陷入"小处着手"的局限。

- 具体（Specific）：明确而具体的目标有助于团队保持专注，避免偏离当前解决问题的方向。

- 可衡量（Measurable）：设定衡量标准对于判断成功与否至关重要。
- 雄心勃勃（Ambitious）：目标应具有真正的挑战性，但同时要确保可以实现，避免好高骛远。
- 相关性（Relevant）：目标应与客户未满足的期望直接相关。
- 时间限制（Time Bound）：设定时间限制有助于防止项目拖延，确保取得实质性成果。

最后，为了充分量化当前状况，团队采用了多种方法，包括现场走访以了解流程的有效性、使用草图和照片以帮助团队可视化问题、使用图表以展示流程图、使用柏拉图以识别最高值或最常出现的输入和输出，以及对流程或产品变化与预期进行统计分析。

在第二步结束时，团队已经建立了清晰的问题陈述，并明确了项目的客户对象。他们还应设定一个 SMART 目标，并包含衡量成功的指标，确保对当前情况有充分的量化理解。

第三步：实施遏制措施

在流程出现问题时，我们必须迅速采取行动以遏制问题，保护公司及其客户免受进一步的负面影响。虽然遏制问题可能需要比正常流程更多的资源和努力，但在团队能够证实已经消除根本原因之前，这些措施必须保持不变。这些措施就像伤口上的临时绷带需要维持，直到得到适当的医疗护理。

我们使用行动登记册来详细记录和跟踪遏制措施的执行情况，包括责任人、实施时间和验证方式。

第四步：确定根本原因

解决问题的关键在于培养一支善于找到问题根本原因的团队。因此，这一步骤在 8D 流程中至关重要且需要高度专注。公司在解决问题时，常常浪费大量时间和资金，但却未能有效防止问题的反复。当团队只专注于消除问题的表面症状时，就像处理杂草一样，根部就会一次又一次地重新制造问题。因此，团队必须利用有限的资源采取措施，从根本上消除问题。

找出根本原因并非易事。在整个流程中，必须对团队成员进行培训和指导。而且，就像其他任何有价值的事情一样，需要不断的练习才能熟练地找到和消除根本原因。随着员工在解决问题的过程中接受培训和指导，他们在应用长期解决方案方面逐渐变得更加有效，从而推动公司指标朝着积极的方向发展（见图 G-6）。

图 G-6　奥托立夫的团队互动

学会正确地提出问题是培训的重要组成部分。在奥托立夫，团队成员很快就了解到，正确地提出问题可以帮助他们避免误入歧途，即在处理问题时对根本原因或其解决方案有先入为主的想法。

对于任何团队来说，这一步通常是最漫长、最困难的，幸运的是也有最多的工具可供团队使用。鱼骨图、柏拉图、故障树分析、六西格玛、比较表和时间线都有助于团队收集和筛选潜在的根本原因。通过使用"五个为什么"的技术（见附录 A），团队可以逐层剥离问题的症状，揭示问题的根源。一旦团队找到了根本原因，并对其进行控制，就可以永久性地解决问题。这表明团队已经深入挖掘了问题的根源。随后，分析图表和其他统计工具将有助于团队验证原因。

第五步：选择并实施纠正措施

一旦团队找到并验证了问题的根本原因，就必须选择并实施必要的纠正措施来消除这些原因，或至少减少其对流程的影响。头脑风暴法有助于团队提出新的想法，这些想法可能在最初的考虑中未被提及。这样的活动也促使团队挑战原有的观念，比如"我们没有足够的时间"或"客户希望这样"。当团队客观审视所有想法时，会权衡每个方案的利弊，最终选择最佳解决方案，然后列出所需的行动（见图 G-7）。

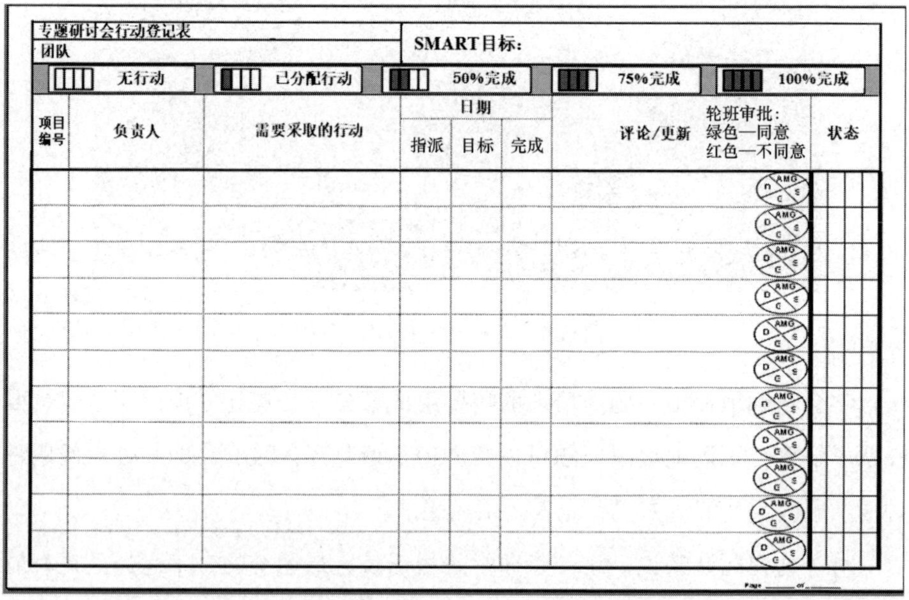

图 G-7　通过使用行动登记表来记录纠正措施

注：本表可以让团队和管理层随时了解行动内容、谁在执行、哪里需要支持或跟进，以及何时完成行动。

第六步：评估结果

如果正确识别了根本原因，并且实施的纠正措施已经充分消除了问题，那么在第二步建立的衡量指标应该会显示出积极的变化。团队将评估这些指标，查看是否发生了重大、积极的变化，以及这些改善是否帮助他们达到或超越了团队的目标。

第七步：防止复发

防止问题复发的关键在于深入理解问题的根本原因，并采取相应的措施。这需要质疑和改变程序，并将绩效改进标准化，以确保解决方案在整个公司能够长期持续。团队可以通过设计和流程失效模式影响分析（DFMEA 和 PFMEA）、图纸、工作指导书、防错措施、控制计划以及其他共享资源来记录所做的改变，以防止类似问题在其他流程中再次发生。

第八步：认可成功

认可是满足人类成就需求的重要方式，它将注意力集中在个人和团队的努力上。同时，认可也是一种行之有效的方法，它可以提升士气，鼓励大家今后参与到解决问题的活动中来。公司常将认可和金钱奖励挂钩，虽然这是表达感激的有效方式，但不应取代管理层和同事的有意义的认可和赞美。在奥托立夫，最有效的认可方式是让团队展示他们成功改进的成果。这发出了一个明确的信号，表明公司重视持续改善的文化，并致力于促进问题解决行为。

简单的数学

良好设计的首要原则是"保持简单"。这一原则同样适用于奥托立夫持续改善和解决问题的方法。通过消除少数人能够接触的专家系统和标准，公司打开了员工参与的大门。通过建立解决问题的渠道来捕捉想法，并制定清晰的目标来引导热情，源源不断的持续改善使这家乘员安全公司在竞争激烈的行业中保持了领先地位。

　　在大多数公司中，员工的工作往往离问题源头最近。然而，大多数公司未能充分利用这一丰富而强大的资源，也未能发挥其巨大的力量。成功的关键其实就是"简单的数学"。只有一个问题解决者的公司，注定只能一次解决一个问题。想象一下，当每个人都参与其中时，改善的可能性将有多大。在奥托立夫，员工们每天都在想象并实现这些可能性。

后　记

　　在本书的结尾（第 7 章末尾），我探讨了自己最近明确的关键行为观点，这些行为是精益转型成功的基石。其中，第三种基本行为是"严格执行的驱动力"。在本书英文版中，我特意将"DRIVE"一词以大写形式呈现，以凸显其所承载的承诺与驱动力水平，远超日常经验的 10 倍之多。

　　虽然这个概念可能显得抽象，但通过一个实例或许更容易理解。您已经了解到奥托立夫如何将问题解决融入其日常文化中，并确保每个员工的参与。在我对奥托立夫的多次访问中，他们对于实现政策部署目标的执着追求以及日复一日解决大量问题的严谨纪律，给我留下了深刻印象。特别是他们为每个工作单元的问题升级制定了一套标准工作流程，这充分展示了他们的纪律性。具体而言，一旦检测到任何问题，第一级团队会立即着手寻找根本原因并提出解决方案，同时将问题实时记录到软件系统中。

　　在我的记忆中，这个团队通常由两名成员组成，负责在需要时提供支持——一位是技术资源（通常是区域维护人员），另一位是系统资源（通常是区域物料协调员）。他们有 15 分钟的时间来确定问题的根本原因，并采取纠正措施。如果他们成功了，解决方案会被记录并实施。如果失败了，问题将自动升级至下一级，由区域主管组织新一轮的问题解决循环，必要时会召集指定的技术资源（区域维护人员）和系统资源（区域物料协调员）。如果在半小时内问题仍未解决，将进一步升级至生产经理，并重复相同的问题解决流程。一小时后，任何通过上述步骤仍未解决的问题都会上报给厂长——每天 24 小时都是如此。

　　想象一下，建立这样一个问题解决系统，其中任何未解决的问题都会在三个半小时内（无论昼夜）得到厂长的直接关注，这需要多么高的纪律性和执行力。请记住，这一成果源于奥托立夫十五年如一日的精益实践，而他们系统中的这一部分已经实施了五年左右，并且还在不断完善中。要实现真正的世界级绩效，关键在于始终如一地坚持这种精益执行的纪律——这正是"严格执行的驱动力"的核心所在。